EL EJÉRCITO DEL SIGLO 21

Una Iglesia Armada para la Guerra Espiritual Moderna

MANUAL DEL ESTUDIANTE

Diego Colon Batiz

Tabla de Contenido

Como Usar Este Manual

El propósito de este manual es acompañar al lector capítulo por capítulo a través del libro *El Ejército del Siglo 21: La Iglesia Armada para la Guerra Espiritual Moderna*, facilitando una experiencia de formación espiritual que va más allá de la lectura. Este no es un libro de repaso, sino una guía estratégica diseñada para provocar transformación interior, madurez espiritual y aplicación concreta en la vida diaria.

Cada sección del manual ha sido cuidadosamente estructurada para que el creyente no solo comprenda los principios bíblicos presentados, sino que los internalice, los confronte y los practique. Este manual está orientado tanto a nuevos creyentes como a líderes en formación, con un enfoque accesible pero profundo.

A continuación, se explica cómo usar cada sección del manual:

1. **Versículo clave**
   Cada capítulo inicia con el mismo versículo clave que aparece en el libro. Este verso sirve como ancla bíblica y debe ser memorizado, meditado y relacionado con todas las actividades del capítulo.

2. **Resumen doctrinal del capítulo**
   Esta sección ofrece una síntesis clara de las enseñanzas principales del capítulo correspondiente del libro. No reemplaza la lectura del capítulo, pero provee una referencia útil que puede ser consultada durante el estudio personal o grupal.

3. **Preguntas de análisis individual**
   Estas preguntas están diseñadas para realizarse antes de llegar a la clase o sesión grupal. Ayudan al estudiante a reflexionar, evaluar su comprensión y confrontar su vida personal con la verdad presentada. Se recomienda contestarlas por escrito en oración, sin apuros, siendo honesto y transparente consigo mismo.

4. **Preguntas para discusión grupal**
   Estas preguntas se usan exclusivamente durante el tiempo de clase o reunión grupal. Están pensadas para generar diálogo, intercambio de ideas, confrontación colectiva y crecimiento conjunto. No deben usarse como examen, sino como puente hacia el discernimiento y la edificación mutua.

5. **Ejercicios prácticos**
   Cada capítulo incluye dos ejercicios que ayudan a aplicar lo aprendido en la vida diaria. Estos ejercicios pueden variar desde proyectos personales hasta actividades familiares o comunitarias. Se deben hacer en la semana posterior a la clase correspondiente.

6. **Desafío seminal**
   Tres retos concretos por capítulo te impulsan a salir de la teoría y entrar en la práctica. Algunos serán internos (como disciplina espiritual), otros externos (como acciones en tu entorno). Son opcionales, pero altamente recomendados.

7. **Dinámica de memorización**

Aquí encontrarás el versículo clave con espacios en blanco. Este ejercicio facilita la memorización activa y visual, preparándote para usar la Palabra como arma eficaz.

8. **Ejercicio de llena blancos**

Doce frases extraídas del capítulo han sido modificadas quitando palabras clave. Este ejercicio sirve para reforzar los conceptos centrales. Se recomienda hacerlo después de haber leído y subrayado el capítulo.

9. **Devocionales diarios**

Cada capítulo termina con siete devocionales, uno por cada día de la semana. Cada devocional incluye una lectura bíblica corta, una reflexión y una aplicación práctica. Pueden ser usados como tu tiempo devocional personal o en familia.

Recomendaciones finales

- Lee primero el capítulo completo del libro antes de contestar cualquier sección.
- Separa un cuaderno adicional o espacio en este manual para tus anotaciones personales.
- Permite que el Espíritu Santo te confronte en cada parte. No corras por terminar, sino por crecer.
- No pases al siguiente capítulo del manual hasta haber completado todas las secciones del actual.

Este manual fue creado para formar soldados espirituales, no simplemente estudiantes pasivos. Tu compromiso determinará el impacto.

Capítulo 1
El Llamado Eterno a la Guerra Espiritual

2 Timoteo 2:3-4
tú, pues, sufre penalidades como buen soldado de Jesucristo. Ninguno que milita se enreda en los negocios de la vida, a fin de agradar a aquel que lo tomó por soldado.

Resumen doctrinal del capítulo
La vida cristiana no es una pasarela de comodidad espiritual, sino un llamado a una guerra constante en el ámbito invisible. Desde el momento en que una persona acepta a Cristo, se convierte en parte activa de un conflicto espiritual contra huestes malignas que buscan destruir la obra de Dios en su vida y en el mundo. El creyente no es un espectador, sino un soldado alistado, llamado a resistir, avanzar y obedecer a su Comandante Supremo, Jesucristo. Esta guerra no se libra con armas humanas, sino con fe, obediencia y disciplina espiritual. Entender esta verdad transforma la forma en que enfrentamos los desafíos cotidianos, dándonos propósito y estrategia.

Preguntas de análisis individual

Introducción

1. ¿Por qué crees que muchos creyentes ignoran la dimensión espiritual del conflicto cristiano?
2. ¿Qué ideas equivocadas has escuchado o tenido sobre lo que significa "seguir a Cristo"?
3. ¿Qué significa para ti "ser soldado de Jesucristo"?
4. ¿Te has sentido alguna vez como si estuvieras en un campo de batalla espiritual? Describe ese momento.
5. ¿Cómo cambia tu perspectiva de vida saber que fuiste llamado a la guerra desde el momento de tu conversión?

El llamado a ser soldados

6. Según Efesios 6:12, ¿contra quién realmente peleamos como creyentes?
7. ¿Qué peligros enfrentamos cuando ignoramos nuestra identidad como soldados?
8. ¿Qué disciplinas prácticas puedes adoptar para prepararte como soldado espiritual?
9. ¿Cómo afecta tu forma de ver la vida diaria el entenderla como parte de una guerra espiritual?
10. ¿Cuál ha sido tu actitud hasta ahora frente a esta guerra: pasividad, lucha parcial, o compromiso total?

La naturaleza espiritual de la guerra

11. ¿Qué diferencia existe entre una guerra espiritual y una lucha emocional o mental?

12. ¿Cómo puedes fortalecer tu "campo de batalla interno" (la mente y el corazón)?

13. ¿En qué áreas sientes que tu fe ha sido más atacada últimamente?

14. ¿Por qué es importante tener una perspectiva eterna en medio del conflicto espiritual?

15. ¿Cómo afecta tu entorno (familia, iglesia, comunidad) cuando tú ganas o pierdes batallas espirituales?

El comandante de nuestro ejército

16. ¿Qué te enseña Hebreos 2:10 sobre el carácter de Jesús como nuestro Comandante?

17. ¿Por qué es importante confiar en las órdenes de nuestro Comandante, incluso cuando no las entendemos?

18. ¿Qué significa para ti obedecer a Jesús en medio de la batalla espiritual?

19. ¿Qué estrategias prácticas puedes implementar para mantener tu oído atento a Su voz?

20. ¿Estás dispuesto a rendir tus propios planes para seguir las órdenes del Comandante? ¿Qué te detiene?

Preguntas para discusión grupal

Introducción

1. ¿Por qué crees que muchos creyentes modernos no se identifican como soldados espirituales?

2. ¿Qué consecuencias puede tener una iglesia que no vive con mentalidad de guerra?

3. ¿Cómo podemos despertar el sentido de urgencia en nuestra comunidad cristiana?

El llamado a ser soldados

4. ¿Qué significa en la práctica "no enredarse en los negocios de la vida"?

5. ¿De qué forma podemos ayudarnos mutuamente a mantener la disciplina espiritual?

6. ¿Qué barreras personales enfrentamos para vivir con enfoque militar espiritual?

La naturaleza espiritual de la guerra

7. ¿Cuáles son algunas armas espirituales que usamos en esta batalla según tu experiencia?

8. ¿Cómo distinguir entre una guerra espiritual y una situación natural mal interpretada?

9. ¿Cómo impacta nuestra vida diaria el saber que toda batalla tiene un propósito eterno?

El comandante de nuestro ejército

10. ¿Cómo describirías el liderazgo de Jesús como Comandante en tu vida?

11. ¿Por qué es tan fácil seguir nuestras propias estrategias en vez de seguir las órdenes del Señor?

12. ¿Cómo podemos desarrollar una mayor obediencia en medio de la batalla?

Ejercicios prácticos

1. **Carta al Comandante:** Escribe una carta personal a Jesús como tu Comandante, expresando tu compromiso a obedecerle, tus luchas actuales, y tus decisiones para avanzar. Llévala a tu tiempo de oración personal durante la semana.

2. **Mapa de Guerra Espiritual:** Dibuja un "mapa" espiritual de tu vida, señalando las áreas donde más enfrentas batalla (emociones, familia, pensamientos, etc.). Ora sobre cada área y escribe estrategias espirituales (versos, disciplinas, apoyo) para cada zona crítica.

Desafío semanal

1. Dedica 20 minutos diarios esta semana a interceder por otros creyentes que sabes que están en batalla espiritual.

2. Identifica una práctica civil (actividad, distracción o carga) que esté afectando tu vida como soldado, y entrégasela al Señor.

3. Memoriza el versículo clave y decláralo cada mañana como parte de tu alistamiento diario.

Dinámica de memorización

2 Timoteo 2:3-4 (con espacios en blanco):

tú, pues, _____ penalidades como buen _____ de Jesucristo. Ninguno que _____ se enreda en los _____ de la vida, a fin de _____ a aquel que lo tomó por _____.

Ejercicio de llena blancos (completa las frases con base en el capítulo)

1. La vida cristiana no es una excursión, es un _____.

2. Ser salvo es también aceptar un _____ espiritual.

3. El soldado espiritual vive para obedecer, no para _____.

4. La guerra espiritual se libra en un campo de batalla _____.

5. La pasividad espiritual es igual a _____ en el Reino.

6. Nuestra lucha no es contra carne, sino contra _____.

7. Ser soldado implica disciplina, enfoque y _____.

8. Jesús no dirige desde lejos, Él pelea _____.

9. No se gana con estrategia humana, sino con _____.

10. La obediencia es la mayor arma contra la _____.

11. El Comandante no abandona, Él _____ y _____.

12. La guerra espiritual es parte de nuestra _____, no una opción adicional.

Devocionales diarios

Día 1 – Llamado ineludible
Lectura: 2 Timoteo 2:3-4
Reflexión: No fuimos llamados a una fe pasiva, sino a un combate continuo.
Aplicación: Hoy, alíneate con tu identidad de soldado y renueva tu compromiso con Cristo.

Día 2 – No estás en un parque
Lectura: Efesios 6:12
Reflexión: Pensar que no hay guerra es caminar desarmado en terreno enemigo.
Aplicación: Haz un inventario espiritual: ¿estás alerta o distraído?

Día 3 – Posición estratégica
Lectura: 1 Pedro 5:8-9
Reflexión: Nuestra resistencia es parte de una ofensiva mayor.
Aplicación: Identifica las áreas donde necesitas reforzar tu vigilancia.

Día 4 – El frente interno
Lectura: 1 Timoteo 6:12
Reflexión: Las batallas más duras muchas veces se libran dentro de nosotros.
Aplicación: Presenta a Dios cada lucha interna y pide estrategia divina.

Día 5 – Obediencia bajo presión
Lectura: Hebreos 2:10
Reflexión: El verdadero soldado no obedece solo cuando entiende, sino cuando confía.
Aplicación: Entrégale al Señor un área donde te cuesta obedecer.

Día 6 – Su voz en medio del combate
Lectura: Juan 10:27
Reflexión: En la guerra, la voz del Comandante debe ser la más clara.
Aplicación: Dedica 15 minutos a silenciar todo ruido y escuchar Su dirección.

Día 7 – Victoria asegurada
Lectura: Romanos 8:37
Reflexión: No peleamos para ver si ganamos, peleamos desde la victoria.
Aplicación: Declara con fe: "Soy más que vencedor por medio de Aquel que me amó".

Capítulo 2
De Roma al Siglo 21: La Evolución de los Modelos de Guerra

Hebreos 13:8

Jesucristo es el mismo ayer, y hoy, y por los siglos.

Resumen doctrinal del capítulo

A través de la historia, la guerra ha cambiado en forma, pero no en esencia. La guerra espiritual sigue presente en cada generación, pero sus métodos y escenarios varían con el tiempo. El apóstol Pablo usó el modelo del soldado romano para enseñar principios eternos, pero el creyente moderno debe aplicarlos estratégicamente en un contexto diferente. Hoy el enemigo se manifiesta en ideologías, plataformas digitales y estructuras culturales. Por eso, la iglesia debe mantenerse firme en la verdad eterna, pero operar con flexibilidad táctica. Adaptarse no es comprometerse: es sobrevivir con eficacia. La clave está en conservar los principios del Reino mientras discernimos cómo librar las nuevas batallas del siglo 21.

Preguntas de análisis individual

Introducción

1. ¿Por qué crees que Pablo usó la figura del soldado romano para hablar de guerra espiritual?
2. ¿Qué peligros enfrentas si intentas pelear las batallas actuales con métodos obsoletos?
3. ¿Cómo ha cambiado tu comprensión sobre la guerra espiritual al leer este capítulo?
4. ¿Estás operando espiritualmente como en el pasado o estás discerniendo tu generación?
5. ¿Qué señales ves hoy de que estamos en una guerra ideológica y cultural, no solo religiosa?

La armadura romana como enseñanza espiritual

6. ¿Qué representa el cinturón en la armadura espiritual y por qué es importante?
7. ¿Qué sucede cuando un creyente escoge solo ciertas "partes" de la armadura y descuida otras?
8. ¿Por qué es clave estar equipado antes de que llegue "el día malo"?
9. ¿Qué hábitos espirituales diarios te ayudan a "vestirte" de la armadura completa?
10. ¿Qué te enseña la coordinación entre las piezas de la armadura sobre la vida cristiana equilibrada?

La guerra moderna y sus cambios

11. ¿Qué nuevas formas de ataque espiritual ves activas en tu entorno hoy?
12. ¿Cuál es la diferencia entre cambiar de métodos y cambiar de principios?
13. ¿Cómo puedes usar herramientas modernas para avanzar el Reino sin comprometer la verdad?

14. ¿Qué te impide adaptarte espiritualmente al contexto actual?

15. ¿Qué ejemplo de Jesús usando métodos variados en Su ministerio te inspira más?

Aplicando principios eternos a nuevas batallas

16. ¿Qué significa mirar "las cosas que no se ven" según 2 Corintios 4:18?

17. ¿Qué principio eterno necesitas aplicar con más firmeza en tu vida hoy?

18. ¿Qué pasa cuando alguien innova en métodos, pero se desvía de la Palabra?

19. ¿Cuál ha sido una "nueva batalla" que has enfrentado recientemente?

20. ¿Cómo puedes aplicar verdades eternas para vencerla con sabiduría?

Preguntas para discusión grupal

Introducción

1. ¿En qué formas ves que la iglesia ha fallado en adaptarse sin comprometerse?

2. ¿Cómo podemos traducir principios eternos al lenguaje de nuestra generación sin diluirlos?

3. ¿Qué consecuencias tiene el usar tácticas antiguas en un escenario nuevo?

La armadura romana como enseñanza espiritual

4. ¿Por qué es importante entender la armadura espiritual como un sistema completo, no como piezas aisladas

5. ¿Qué parte de la armadura espiritual sueles descuidar sin darte cuenta?

6. ¿Qué implicaciones tiene que "resistir" no es solo aguantar, sino mantenerse firme?

La guerra moderna y sus cambios

7. ¿Qué batallas espirituales modernas afectan más a los jóvenes hoy?

8. ¿Qué te ha ayudado a discernir entre tradición sana y método anticuado?

9. ¿Cómo discernir cuándo Dios quiere usar un nuevo método sin alterar Su mensaje?

Aplicando principios eternos a nuevas batallas

10. ¿Por qué debemos mirar lo eterno y no lo visible en esta generación tan emocional y superficial?

11. ¿Qué desafíos enfrentas al intentar mantener principios en un mundo que los rechaza?

12. ¿Qué cambios puedes hacer esta semana para aplicar mejor los principios eternos?

Ejercicios prácticos

1. **Evaluación de armamento espiritual:** Haz una lista de las piezas de la armadura de Efesios 6. Evalúa cuál tienes fuerte y cuál necesitas reforzar. Establece un plan espiritual para fortalecer esa área débil esta semana.

2. **Discernimiento estratégico:** Elige una situación actual en tu entorno (un problema cultural, una crisis social, un ataque ideológico) y escribe cómo aplicarías un principio eterno para responder con sabiduría bíblica.

Desafío semanal

1. Escoge una plataforma moderna (red social, canal de comunicación o espacio digital) y úsala esta semana para compartir un principio eterno con claridad.

2. Adopta un nuevo hábito espiritual que te ayude a mantenerte preparado cada día (devocional diario, oración estratégica, ayuno, etc.).

3. Identifica una estrategia vieja que ya no funciona espiritualmente y entrégala al Señor para ser guiado en algo nuevo.

Dinámica de memorización

Hebreos 13:8:
Jesucristo es el mismo _____, y _____, y por los _____.

Ejercicio de llena blancos

1. La guerra cambia en su forma, pero no en su _____.
2. La imagen del soldado romano revela _____ eternos.
3. Ningún soldado combate sin estar completamente _____.
4. La armadura debe ser un estado _____, no una reacción de emergencia.
5. Adaptarse espiritualmente no es traición, sino _____ inteligente.
6. Las fortalezas de hoy son principalmente _____, no físicas.
7. Jesús usó distintos _____ según el contexto donde enseñaba.
8. La iglesia no debe cambiar el mensaje, pero sí puede cambiar el _____.
9. Las estrategias deben nacer del corazón de _____, no del ingenio humano.
10. El creyente debe vivir anclado en lo eterno, no en lo _____.
11. Resistirse al cambio puede ser tan peligroso como _____ los principios.
12. El Reino de Dios necesita soldados que peleen con armas _____ en tiempos nuevos.

Devocionales diarios

Día 1 – El mismo Cristo en todos los tiempos
Lectura: Hebreos 13:8
Reflexión: Aunque todo cambie, Él permanece firme.
Aplicación: Hoy, confía en que su fidelidad no se adapta: es constante.

Día 2 – Armados en todo tiempo
Lectura: Efesios 6:13
Reflexión: No hay victoria sin preparación previa.
Aplicación: Vístete cada mañana con oración y Palabra.

Día 3 – Nuevas batallas, visión eterna
Lectura: 2 Corintios 4:18
Reflexión: No luches mirando lo aparente.
Aplicación: Pregúntate: ¿estoy viendo con ojos espirituales esta batalla?

Día 4 – Adaptarse sin perder esencia
Lectura: Eclesiastés 3:1
Reflexión: Hay tiempo para todo… también para actualizar métodos.
Aplicación: Hoy, presenta al Señor una estrategia antigua que necesita renovación.

Día 5 – Armas invisibles, impacto real
Lectura: 2 Corintios 10:4
Reflexión: No peleamos como el mundo.
Aplicación: Ora con autoridad por una situación imposible esta semana.

Día 6 – Nuevas oportunidades para la verdad
Lectura: Mateo 28:19-20
Reflexión: La Gran Comisión sigue vigente… y activa.
Aplicación: Usa hoy una herramienta moderna para predicar una verdad eterna.

Día 7 – Preparados para conquistar
Lectura: Isaías 60:1
Reflexión: La oscuridad crece, pero tú debes levantarte.
Aplicación: Declara con fe: "Señor, úsame hoy como soldado en mi generación."

Capítulo 3
La estructura moderna del ejército espiritual

1 Corintios 12:18
Mas ahora Dios ha colocado los miembros cada uno de ellos en el cuerpo, como él quiso.

Resumen doctrinal del capítulo

El ejército espiritual de Dios no es un caos improvisado, sino una estructura ordenada, funcional y estratégica. Cada creyente tiene un rol específico, asignado por el Comandante Supremo, para el cumplimiento de una misión mayor. No todos tienen la misma función, pero todos son indispensables. La iglesia pierde efectividad cuando opera sin claridad de roles, autoridad o cooperación. Así como los ejércitos modernos dependen de organización, jerarquía y entrenamiento continuo, el cuerpo de Cristo también requiere estructura espiritual para avanzar. Este capítulo revela que cuando cada soldado ocupa su lugar con fidelidad, el ejército del Reino se vuelve una fuerza imparable.

Preguntas de análisis individual

Introducción

1. ¿Qué sucede cuando un ejército carece de estructura y roles definidos?

2. ¿Cómo cambia tu visión de la iglesia al verla como un ejército funcional y estratégico?

3. ¿Qué te impide aceptar con gozo el rol que Dios te ha asignado?

4. ¿Qué parte de la visión de "unidad funcional" más te desafía?

5. ¿Qué consecuencias puede tener una iglesia que opera como grupo sin organización espiritual?

Roles y funciones dentro del ejército espiritual

6. ¿Qué función cumple cada uno de los cinco ministerios según Efesios 4:11-12?

7. ¿Qué rol crees que ha sido más ignorado o distorsionado en la iglesia moderna?

8. ¿Cuál de los cinco ministerios consideras que te edifica más personalmente y por qué?

9. ¿Qué dones espirituales has descubierto en tu vida que podrían indicar tu rol en el cuerpo?

10. ¿Qué actitud debes cultivar para evitar comparaciones o envidias dentro del cuerpo de Cristo?

Autoridad y cadena de mando espiritual

11. ¿Qué enseña Hebreos 13:17 sobre la obediencia a los líderes espirituales?

12. ¿Por qué es importante que la autoridad espiritual sea respetada y no temida?

13. ¿Qué efectos negativos has visto cuando alguien camina fuera de cobertura espiritual?

14. ¿Qué obstáculos internos debes vencer para sujetarte con gozo a tu liderazgo?

15. ¿Cómo puedes contribuir tú a fortalecer la cadena de mando espiritual en tu iglesia local?

Unidad y cooperación en el campo de batalla

16. ¿Qué significa combatir "unánimes por la fe del evangelio"?

17. ¿Por qué la cooperación en medio de diferencias es una señal de madurez espiritual?

18. ¿Cómo reaccionas cuando otros piensan o trabajan diferente a ti dentro del cuerpo?

19. ¿En qué áreas necesitas crecer para fortalecer la unidad espiritual con tus hermanos?

20. ¿Qué acciones prácticas puedes tomar para cultivar cooperación y no competencia?

Preguntas para discusión grupal

Introducción

1. ¿Cuál es la diferencia entre asistir a una iglesia y formar parte de un ejército espiritual?

2. ¿Por qué es tan importante que cada miembro funcione en el lugar que Dios asignó?

3. ¿Qué pasaría si todos quisieran ocupar un solo rol dentro del cuerpo de Cristo?

Roles y funciones dentro del ejército espiritual

4. ¿Qué impacto tendría una iglesia local que activa correctamente los cinco ministerios?

5. ¿Por qué crees que algunos creyentes resisten aceptar su rol "invisible"?

6. ¿Qué pasa cuando alguien quiere operar en un rol para el cual no fue llamado?

Autoridad y cadena de mando espiritual

7. ¿Qué señales indican que un líder está caminando en autoridad bíblica?

8. ¿Cómo cultivamos obediencia espiritual sin caer en manipulación?

9. ¿Cómo discernir la diferencia entre sumisión saludable y control religioso?

Unidad y cooperación en el campo de batalla

10. ¿Qué fortalezas surgen cuando un grupo actúa como cuerpo y no como individuos?

11. ¿Qué prácticas pueden ayudar a sanar divisiones dentro del cuerpo de Cristo?

12. ¿Qué puedes hacer tú para fomentar la unidad aún cuando haya diferencias personales?

Ejercicios prácticos

1. **Mapa de roles en el cuerpo:** Escribe los cinco ministerios de Efesios 4:11 y haz una lista de personas que has visto operar bien en esos roles en tu iglesia o comunidad. Luego, ora para descubrir en qué dirección te está alineando Dios.

2. **Análisis de autoridad:** Haz una reflexión escrita sobre tu actitud actual frente a tus líderes espirituales. ¿Confías en ellos? ¿Te sujetas de corazón? ¿Los honras con tus palabras y acciones? Establece una acción específica para fortalecer esa relación.

Desafío semanal

1. Acércate esta semana a un líder espiritual de tu congregación y exprésale gratitud por su labor.

2. Identifica tu actitud hacia la estructura espiritual de tu iglesia y haz un ajuste si es necesario.

3. Busca una oportunidad concreta para colaborar con alguien diferente a ti, sirviendo juntos en unidad.

Dinámica de memorización

1 Corintios 12:18:

Mas ahora Dios ha _____ los miembros cada uno de ellos en el _____, como él _____.

Ejercicio de llena blancos

1. El ejército espiritual de Dios necesita estructura, no _____.
2. Cada creyente tiene una _____ dentro del cuerpo.
3. Los cinco ministerios no son títulos, son _____ vivas.
4. Un rol invisible no significa que sea menos _____.
5. La competencia entre miembros debilita la _____.
6. Dios recompensa la _____, no el protagonismo.
7. La autoridad espiritual debe ser honrada, no _____.
8. Caminar fuera de cobertura es caminar en mayor _____.
9. La obediencia espiritual refleja _____ en el Señor.
10. La cadena de mando es una forma de protección y no de _____.
11. La unidad no es uniformidad, sino visión y propósito _____.
12. Un ejército que coopera es una fuerza que el enemigo no puede _____.

Devocionales diarios

Día 1 – Un Dios de orden y propósito
Lectura: 1 Corintios 12:18
Reflexión: No estás donde estás por casualidad, sino por diseño divino.
Aplicación: Agradece hoy tu rol y pídele a Dios que lo uses con excelencia.

Día 2 – Cinco funciones, una misión
Lectura: Efesios 4:11-12
Reflexión: Cada ministerio fue creado para edificarte, no para dividirte.
Aplicación: Identifica cuál ha sido clave en tu crecimiento.

Día 3 – Autoridad que protege
Lectura: Hebreos 13:17
Reflexión: Dios usa líderes para cuidarte, no para limitarte.
Aplicación: Ora hoy por tus pastores y líderes espirituales.

Día 4 – El espíritu independiente no edifica
Lectura: 1 Samuel 15:23
Reflexión: La rebelión rompe el diseño de Dios.
Aplicación: Examina tu corazón y rinde cualquier área de resistencia.

Día 5 – Cuerpos sanos trabajan en unidad
Lectura: Filipenses 1:27
Reflexión: La cooperación refleja el corazón de Cristo.
Aplicación: Extiende apoyo a un hermano con quien casi no compartes.

Día 6 – Cuando uno sufre, todos sufren
Lectura: 1 Corintios 12:26
Reflexión: No peleas solo. Lo que vives impacta al cuerpo entero.
Aplicación: Ora por alguien que esté herido en la batalla espiritual.

Día 7 – Unidos, no confundidos
Lectura: Efesios 4:3
Reflexión: El Espíritu nos une, pero nosotros debemos mantener esa unidad.
Aplicación: Comprométete hoy a ser un pacificador espiritual.

Capítulo 4

El chaleco antibalas espiritual: La coraza de justicia moderna

Efesios 6:14
Estad, pues, firmes, ceñidos vuestros lomos con la verdad, y vestidos con la coraza de justicia.

Resumen doctrinal

Así como el chaleco antibalas protege los órganos vitales del soldado moderno, la coraza de justicia representa la cobertura espiritual que Dios provee para guardar el corazón del creyente. Esta justicia no proviene de nuestras obras, sino del sacrificio de Cristo, y debe ser apropiada por fe y vivida con obediencia. Sin esta protección activa y constante, el creyente queda expuesto a los ataques emocionales, mentales y espirituales del enemigo. La coraza requiere cuidado diario, disciplina espiritual y pureza de corazón para mantenerse eficaz.

Preguntas de análisis individual

Introducción

1. ¿Cuál es la función del chaleco antibalas y cómo se relaciona con la coraza espiritual?
2. ¿Por qué es peligroso caminar sin obedecer diariamente?
3. ¿Qué representa la justicia en el contexto espiritual?
4. ¿De dónde proviene la justicia que nos cubre espiritualmente?
5. ¿Cómo nos afecta caminar sin esta cobertura?

La necesidad vital de la coraza espiritual

6. ¿Por qué es el corazón considerado un área vital que debe ser protegida?
7. ¿Qué consecuencias tiene un corazón herido o contaminado?
8. ¿Qué tipos de ataques dirige el enemigo hacia el corazón del creyente?
9. ¿Cómo nos ayuda la coraza de justicia a mantener un corazón sano?
10. ¿Qué significa que el cuidado del corazón es un acto de guerra preventiva?

Cómo mantener la coraza en condiciones óptimas

11. ¿Qué implica el mantenimiento espiritual de la coraza?
12. ¿Qué relación tiene la santidad personal con la eficacia de la coraza?

13. ¿Cómo afecta el pecado pequeño a nuestra cobertura espiritual?

14. ¿Qué rol juega la comunidad cristiana en este proceso?

15. ¿Por qué es importante alimentar el alma con la Palabra para mantener la coraza firme?

Avanzando con confianza

16. ¿Cómo se manifiesta la paz que produce la justicia en la vida del creyente?

17. ¿Qué diferencia a un corazón protegido de uno vulnerable emocionalmente?

18. ¿De qué manera influye la coraza en la forma en que ministramos y oramos?

19. ¿Cómo cambia nuestra forma de avanzar espiritualmente al tener un corazón protegido?

20. ¿Qué significa que un corazón protegido no se detiene?

Preguntas de discusión grupal

Introducción

1. ¿Qué representa para ti la imagen de la coraza de justicia en el siglo 21?

2. ¿En qué momentos has sentido que tu corazón ha estado vulnerable espiritualmente?

3. ¿Cómo describirías la diferencia entre justicia imputada y justicia vivida?

La necesidad vital de la coraza espiritual

4. ¿Qué señales indican que un creyente ha descuidado la protección de su corazón?

5. ¿Cómo podemos ayudar a otros a fortalecer su coraza?

6. ¿Qué hábitos fortalecen o debilitan nuestra sensibilidad espiritual?

Cómo mantener la coraza en condiciones óptimas

7. ¿Cuáles son las grietas más comunes que afectan nuestra coraza espiritual?

8. ¿Cómo aplicarías 2 Corintios 7:1 en tu vida cotidiana?

9. ¿Qué papel juega la rendición diaria en la eficacia de nuestra cobertura?

Avanzando con confianza

10. ¿Cómo has experimentado la paz que proviene de saberte cubierto por la justicia de Cristo?

11. ¿Qué implica avanzar "sin peso innecesario" en el contexto espiritual?

12. ¿Por qué la confianza en Dios debe ser cultivada y no solo sentida?

Ejercicios prácticos

1. Haz una lista de las áreas de tu vida donde sientes que tu coraza está débil. Luego, escribe un plan de acción espiritual para reforzarlas a través de oración, Palabra y rendición.

2. Toma un día de la semana para evaluar tu corazón con Dios. Ora usando Salmo 139:23-24 y escribe en tu diario espiritual cualquier cosa que el Espíritu Santo te revele.

Desafío semanal

1. Memoriza Efesios 6:14 y repítelo cada mañana antes de comenzar tu día como recordatorio de tu cobertura espiritual.

2. Busca a un compañero de oración con quien puedas compartir tu lucha por mantener tu corazón limpio y protegido.

3. Dedica un tiempo diario a examinar tu corazón y aplicar 2 Corintios 7:1, limpiándote de toda contaminación.

Dinámica de memorización

Efesios 6:14

Estad, pues, _____, ceñidos vuestros _____ con la _____, y vestidos con la _____ de _____.

Ejercicio de llena blancos

1. La coraza de justicia es como un _____ que protege el corazón espiritual.

2. El enemigo lanza sus ataques más letales hacia nuestras _____.

3. La justicia que nos cubre proviene del _____ de Cristo.

4. La protección espiritual no es _____, requiere mantenimiento diario.

5. Cada pensamiento obediente fortalece nuestra _____ espiritual.

6. Un corazón _____ es un canal libre para que fluya el poder de Dios.

7. La paz que produce la justicia no es ausencia de conflicto, sino _____ en medio del conflicto.

8. La limpieza del alma se logra al aplicar la _____ de Dios.

9. La coraza espiritual regula nuestra condición _____.

10. La justicia de Cristo debe ser _____ y también vivida.

11. Un corazón bien protegido camina sin peso _____.

12. El aislamiento espiritual debilita la _____ del corazón.

Devocionales diarios

Día 1 – El corazón bajo ataque
Lectura: Proverbios 4:23
Reflexión: El corazón es el centro de operaciones del creyente. Si es dañado, toda la vida espiritual se ve afectada.
Aplicación: Evalúa qué pensamientos o emociones necesitan ser expulsados para proteger tu corazón.

Día 2 – Justicia que cubre
Lectura: Efesios 6:14
Reflexión: Dios no nos deja vulnerables; Él nos da su justicia como cobertura activa.
Aplicación: Comienza tu día orando para apropiarte conscientemente de esa justicia.

Día 3 – Manteniendo la armadura limpia
Lectura: 2 Corintios 7:1
Reflexión: La santidad no es un lujo, es parte del mantenimiento espiritual esencial.
Aplicación: Toma un momento para pedirle al Espíritu Santo que te muestre áreas contaminadas en tu interior.

Día 4 – Grietas en la coraza
Lectura: Salmo 139:23-24
Reflexión: A veces no vemos nuestras grietas, pero Dios sí puede revelarlas.
Aplicación: Anota una grieta que identifiques hoy y ora por fortaleza en esa área.

Día 5 – Confianza para avanzar
Lectura: Isaías 32:17
Reflexión: La justicia de Dios no solo protege, también empodera.
Aplicación: Identifica una situación donde necesitas avanzar con confianza y ora por valor.

Día 6 – Reposo en medio del combate
Lectura: Mateo 11:28-30
Reflexión: El descanso del alma no está en la ausencia de guerra, sino en la presencia de justicia.
Aplicación: Entrégale a Dios tu carga interior y recibe Su paz activa.

Día 7 – Una vida alineada
Lectura: Romanos 6:13
Reflexión: Una vida que rinde sus miembros a Dios refuerza su armadura espiritual.
Aplicación: Haz un compromiso consciente de vivir hoy alineado a la justicia de Cristo.

Capítulo 5
El escudo balístico: La fe como protección de combate cercano

Versículo clave
Efesios 6:16
Sobre todo, tomad el escudo de la fe, con que podáis apagar todos los dardos de fuego del maligno.

Resumen doctrinal

El escudo de la fe es más que una defensa pasiva; es una cobertura activa y prioritaria que protege al creyente de los ataques más cercanos, personales y destructivos del enemigo. Al igual que un escudo balístico moderno detiene impactos letales y apaga proyectiles incendiarios, la fe apaga los dardos de fuego que buscan encender el miedo, la duda y la destrucción interna. Esta fe no se basa en emociones frágiles, sino en convicciones firmes cimentadas en la Palabra de Dios, ejercitadas en la oración y fortalecidas en comunidad. Mantener este escudo operativo requiere discernimiento, entrenamiento constante y acción inmediata ante el peligro.

Preguntas de análisis individual

Introducción

1. ¿Por qué el apóstol Pablo coloca el escudo de la fe "sobre todo" en Efesios 6:16?

2. ¿Cómo se compara la función de un escudo balístico moderno con la fe activa en el creyente?

3. ¿Qué significa que la fe no sea pasiva sino una decisión activa ante el ataque?

4. ¿De qué forma los ataques cercanos pueden ser más peligrosos que los lejanos en la vida espiritual?

5. ¿Cómo influye la unidad de la iglesia en la efectividad del escudo de la fe?

Reconociendo los dardos de fuego del enemigo

6. ¿Qué nos enseña 1 Pedro 5:8 sobre la vigilancia espiritual?

7. ¿Cuáles son ejemplos de "dardos de fuego" que buscan herir emocionalmente?

8. ¿Por qué el enemigo prefiere ataques sutiles en lugar de evidentes?

9. ¿Cómo puede una ofensa no tratada convertirse en un incendio interno?

10. ¿Qué papel juega el discernimiento espiritual en detectar ataques ideológicos disfrazados?

Fortaleciendo el escudo

11. ¿Qué enseña Romanos 10:17 sobre la fuente de la fe?

12. ¿Por qué la exposición constante a la Palabra fortalece el escudo?

13. ¿Cómo las pruebas fortalecen la fe de forma práctica?

14. ¿Qué relación hay entre la oración y la correcta orientación del escudo?

15. ¿Cómo la comunidad cristiana contribuye a mantener la fe operante?

La fe como impulso ofensivo en medio del combate

16. ¿Qué significa 1 Juan 5:4 cuando declara que la fe vence al mundo?

17. ¿Cómo actúa la fe ofensiva en situaciones espirituales hostiles?

18. ¿Por qué es necesario disciplina mental para mantener la fe ofensiva?

19. ¿De qué manera la fe transforma ambientes dominados por el pecado?

20. ¿Cómo interpretar la oposición del enemigo como señal de avance?

Preguntas de discusión grupal

Introducción

1. ¿Qué imagen te viene a la mente al pensar en el escudo de la fe como herramienta prioritaria?

2. ¿En qué momentos has sentido que tu fe fue tu única defensa en medio de un ataque cercano?

3. ¿Cómo puedes entrenarte para que tu fe sea funcional y no decorativa?

Reconociendo los dardos de fuego del enemigo

4. ¿Qué emociones o pensamientos recurrentes podrían ser dardos encendidos en tu vida?

5. ¿Cómo podemos identificar ataques ideológicos que amenazan nuestra convicción bíblica?

6. ¿Qué estrategias prácticas ayudan a apagar un "incendio interno" antes de que crezca?

Fortaleciendo el escudo

7. ¿Qué hábitos espirituales fortalecen la resistencia de la fe?

8. ¿Por qué es importante pasar por pruebas para tener una fe confiable?

9. ¿Cómo la oración en comunidad fortalece la fe individual y colectiva?

La fe como impulso ofensivo en medio del combate

10. ¿Cómo luce una fe que no solo resiste, sino que conquista?

11. ¿Qué ejemplos actuales conoces de fe ofensiva que transforma su entorno?

12. ¿Por qué la oposición puede ser confirmación de que estamos en el camino correcto?

Ejercicios prácticos

1. Haz una lista de los "dardos de fuego" que has identificado en tu vida durante el último mes y escribe cómo la fe puede neutralizarlos.

2. Elige una situación en la que normalmente retrocederías y comprométete a actuar con fe ofensiva esta semana, anotando el resultado.

Desafío semanal

1. Memoriza Efesios 6:16 y repítelo en voz alta cada vez que enfrentes una situación de temor o duda.

2. Dedica 15 minutos diarios a leer y meditar en pasajes que fortalezcan tu fe, comenzando con Hebreos 11.

3. Ora junto a un hermano en la fe por un área de batalla que enfrenten, pidiendo unidad y fortaleza mutua.

Dinámica de memorización

Efesios 6:16
Sobre todo, tomad el _____ de la _____, con que podáis _____ todos los _____ de _____ del maligno.

Ejercicio de llena blancos

1. El escudo de la fe es una defensa _____ y activa.
2. Los dardos de fuego buscan encender _____ internas.
3. La fe apaga ataques de duda, temor y _____.
4. El discernimiento espiritual permite _____ el origen de los ataques.
5. La fe se fortalece por el oír la _____ de Dios.
6. Las pruebas revelan la _____ real de nuestra fe.
7. La oración alinea el escudo en la dirección del _____.
8. La unidad de la iglesia crea una muralla de _____.
9. La fe ofensiva transforma ambientes _____.
10. La oposición confirma que estamos en _____ de avance.
11. La fe es personal pero también una fuerza de _____.
12. Un escudo debilitado deja al soldado _____.

Devocionales diarios

Día 1 – Escudo prioritario
Lectura: Efesios 6:16
Reflexión: La fe no es opcional; es la primera defensa ante el ataque del enemigo.
Aplicación: Decide levantar tu fe antes de responder con tus emociones.

Día 2 – Reconociendo el fuego
Lectura: 1 Pedro 5:8
Reflexión: Los dardos del enemigo muchas veces se camuflan como pensamientos comunes.
Aplicación: Anota hoy cualquier pensamiento o emoción que pueda ser un ataque espiritual.

Día 3 – Alimentando el escudo
Lectura: Romanos 10:17
Reflexión: La fe se fortalece con una dieta constante de la Palabra de Dios.
Aplicación: Dedica un tiempo extra hoy para meditar en un pasaje que te edifique.

Día 4 – Probado bajo fuego
Lectura: Santiago 1:3
Reflexión: Las pruebas son entrenamientos para que tu fe se vuelva resistente.
Aplicación: Identifica una prueba actual y decide verla como oportunidad de crecimiento.

Día 5 – Fe en formación
Lectura: Hebreos 10:24-25
Reflexión: La fe se refuerza en comunidad, no en aislamiento.
Aplicación: Busca hoy edificar y animar la fe de otra persona.

Día 6 – Avanzando bajo fuego
Lectura: 1 Juan 5:4
Reflexión: La fe no solo protege, también impulsa a conquistar.
Aplicación: Da un paso de obediencia en un área que has pospuesto por temor.

Día 7 – Escudo colectivo
Lectura: Filipenses 1:27
Reflexión: Una iglesia unida en la fe es una muralla impenetrable contra el enemigo.
Aplicación: Ora por la unidad y firmeza de tu congregación en medio de la batalla.

Capítulo 6
El Rifle Espiritual: La Palabra Como Arma de Precisión

Efesios 6:17
Y tomad el yelmo de la salvación, y la espada del Espíritu, que es la palabra de Dios.

Resumen doctrinal

La Palabra de Dios es el arma de precisión más poderosa que el creyente tiene a su disposición. No es un adorno espiritual ni un simple texto devocional; es la herramienta táctica con la que neutralizamos amenazas, conquistamos territorios y liberamos vidas. Como un rifle moderno, debe ser manejada con conocimiento, disciplina y entrenamiento constante. Una Biblia cerrada o mal utilizada es un arma inoperante; pero en manos de un creyente entrenado, guiado por el Espíritu y con una fe activa, la Palabra se convierte en fuego de cobertura, martillo que quebranta y proyectil preciso que cambia realidades. Usarla bien requiere más que memorizar versículos: implica conocer, aplicar y declarar con autoridad la verdad de Dios.

Preguntas de análisis individual

Introducción

1. ¿Qué similitudes hay entre un rifle moderno y el uso de la Palabra en la vida cristiana?

2. ¿Por qué un creyente sin dominio de la Palabra es un blanco fácil?

3. ¿Cómo el Espíritu Santo nos entrena para usar la Biblia con precisión?

4. ¿Qué significa que la adoración sin Palabra es entusiasmo sin dirección?

5. ¿Por qué la Palabra debe estar fresca, activa y en uso constante?

Conocimiento que dispara

6. Según 2 Timoteo 2:15, ¿qué significa usar bien la palabra de verdad?

7. ¿Por qué es peligrosa la interpretación fuera de contexto?

8. ¿Qué diferencia hay entre acumular versículos y aplicarlos estratégicamente?

9. ¿Cómo nos corrige el Espíritu Santo cuando interpretamos mal la Escritura?

10. ¿Por qué la autoridad espiritual no depende del volumen, sino de la unción y la precisión?

Fuego sostenido

11. ¿Qué enseña Jeremías 23:29 sobre el poder de la Palabra?

12. ¿Qué significa declarar la Palabra como "fuego sostenido" en una batalla espiritual?

13. ¿Por qué es vital proclamar la Palabra incluso cuando las circunstancias parecen contradecirla?

14. ¿Qué riesgos existen de declarar versículos sin comunión con Dios?

15. ¿Cómo Jesús modeló el uso constante de la Escritura contra el enemigo?

El francotirador espiritual

16. Según Proverbios 25:11, ¿qué valor tiene una palabra dicha en el momento correcto?

17. ¿Por qué el francotirador espiritual debe aprender a esperar la señal del Espíritu?

18. ¿Cómo una sola palabra guiada por Dios puede destruir fortalezas espirituales?

19. ¿Qué disciplina personal se requiere para manejar la Palabra con precisión quirúrgica?

20. ¿Qué significa que todos podemos ser francotiradores espirituales si estamos dispuestos a escuchar y obedecer?

Preguntas de discusión grupal

Introducción

1. ¿Qué imagen te viene a la mente cuando piensas en la Palabra como un rifle espiritual?

2. ¿Cómo ha cambiado tu efectividad espiritual cuando has aprendido a usar la Biblia con más precisión?

3. ¿Qué obstáculos personales has tenido para mantener tu "arma" lista y operativa?

Conocimiento que dispara

4. ¿Qué prácticas de estudio bíblico te han ayudado a crecer en el manejo de la Palabra?

5. ¿Cómo puedes evitar el peligro de usar versículos fuera de contexto?

6. ¿De qué manera el Espíritu Santo corrige y entrena tu interpretación bíblica?

Fuego sostenido

7. ¿Qué versículos has declarado repetidamente en una batalla espiritual y qué efecto tuvieron?

8. ¿Cómo mantener la declaración de la Palabra sin caer en la repetición mecánica?

9. ¿Por qué la persistencia en proclamar la Escritura debilita al enemigo?

El francotirador espiritual

10. ¿Qué diferencia hay entre hablar mucho y decir la palabra correcta en el momento preciso?

11. ¿Cómo desarrollar la sensibilidad al Espíritu para recibir la palabra específica que se debe decir?

12. ¿Qué ejemplos has visto o vivido del impacto de una palabra guiada por Dios?

Ejercicios prácticos

1. Elige tres versículos que puedas aplicar como "fuego sostenido" para una situación que enfrentas actualmente, y declara cada uno durante toda la semana.

2. Escoge una persona o situación y ora pidiendo a Dios una palabra específica para ministrar con precisión, anotando cómo y cuándo la aplicarás.

Desafío semanal

1. Memoriza Efesios 6:17 y úsalo como recordatorio diario de que la Palabra es tu arma principal.

2. Dedica 20 minutos diarios a leer un libro completo de la Biblia para entender su contexto y aplicación.

3. Identifica un área donde hayas estado hablando mucho pero con poca precisión, y comprométete a hablar solo lo que Dios ponga en tu corazón.

Dinámica de memorización

Efesios 6:17
Y tomad el _____ de la _____, y la _____ del _____, que es la _____ de _____.

Ejercicio de llena blancos

1. La Palabra es un arma de _____ que neutraliza amenazas espirituales.

2. Un creyente sin conocimiento bíblico sólido es un _____ fácil.

3. Manejar la Biblia requiere estudio, respeto y _____.

4. El Espíritu Santo corrige y _____ nuestra interpretación de la Escritura.

5. El fuego sostenido mantiene al _____ acorralado.

6. Declarar la Palabra con fe crea una atmósfera de _____.

7. La repetición constante de la Palabra no es duda, es _____ del campo.

8. El francotirador espiritual espera la _____ del Espíritu Santo.

9. Una palabra precisa puede destruir _____ espirituales.

10. La disciplina devocional afina la _____ para escuchar a Dios.

11. No se trata de hablar mucho, sino de hablar con _____.

12. La Biblia cerrada es un arma _____.

Devocionales diarios

Día 1 – Arma de precisión
Lectura: Efesios 6:17
Reflexión: La Palabra es el arma principal que Dios te ha dado para la batalla espiritual.
Aplicación: Comprométete a usarla activamente esta semana, no solo leerla.

Día 2 – Entrenamiento constante
Lectura: 2 Timoteo 2:15
Reflexión: El buen soldado conoce y maneja bien su arma.
Aplicación: Dedica hoy un tiempo especial para estudiar un pasaje en profundidad.

Día 3 – Fuego sostenido
Lectura: Jeremías 23:29
Reflexión: La Palabra es fuego que consume y martillo que derriba fortalezas.
Aplicación: Declara con fe un versículo clave sobre tu situación actual.

Día 4 – Persistencia en la batalla
Lectura: Mateo 4:4-10
Reflexión: Jesús respondió al enemigo con "Escrito está" en cada ataque.
Aplicación: Prepara tres versículos para responder a tentaciones específicas.

Día 5 – Precisión espiritual
Lectura: Proverbios 25:11
Reflexión: La palabra correcta en el momento correcto produce un impacto eterno.
Aplicación: Pide al Espíritu Santo que te guíe para decir lo correcto a la persona correcta hoy.

Día 6 – Disciplina y enfoque
Lectura: Salmo 119:105
Reflexión: La Palabra ilumina el camino y define la dirección del creyente.
Aplicación: Usa la Biblia como guía práctica para una decisión que debas tomar.

Día 7 – Autoridad en acción
Lectura: Hebreos 4:12
Reflexión: La Palabra es viva y eficaz, capaz de penetrar lo más profundo del corazón.
Aplicación: Declara hoy un versículo que reafirme tu autoridad espiritual en Cristo.

Capítulo 7
Las botas de la obediencia activa

Romanos 10:15
¿Y cómo predicarán si no fueren enviados? Como está escrito: ¡Cuán hermosos son los pies de los que anuncian la paz, de los que anuncian buenas nuevas!

Resumen doctrinal

Las botas de un soldado determinan su capacidad para avanzar con firmeza, resistir el terreno hostil y completar la misión. En la vida espiritual, esas botas representan la obediencia activa: pasos firmes que siguen las instrucciones del Comandante sin importar el costo o la dificultad del camino. La obediencia no es una emoción ni un acto esporádico, es una disciplina constante que sostiene al creyente en marchas largas, terrenos peligrosos y cambios estratégicos de posición. Cada paso en obediencia no solo conquista terreno, sino que lo pone bajo la jurisdicción del Reino. La misión avanza paso a paso, y el soldado de Cristo no fue llamado a retroceder, sino a avanzar hasta cumplir su asignación.

Preguntas de análisis individual

Introducción

1. ¿Por qué la obediencia activa se compara con las botas en el uniforme de un soldado?
2. ¿Qué significa avanzar por asignación y no por emoción?
3. ¿Por qué la obediencia protege en la movilidad espiritual?
4. ¿Cómo la obediencia de un creyente impacta a otros en la misión?
5. ¿Por qué la constancia diaria es esencial para no abandonar el propósito?

Avanzar sin retroceder

6. Según Hebreos 10:39, ¿qué diferencia hay entre retroceder y mantenerse firme?
7. ¿Por qué retroceder en lo espiritual es peligroso para uno mismo y para otros?
8. ¿Qué papel juega la perseverancia en el avance del Reino?
9. ¿Por qué a veces avanzar significa simplemente no abandonar?
10. ¿Cómo evitar que el avance dependa de las emociones y no de la instrucción divina?

Movilidad espiritual estratégica

11. Según Números 9:23, ¿qué enseña la nube sobre el momento de avanzar o detenerse?
12. ¿Por qué moverse sin dirección es exponerse sin respaldo?

13. ¿Cómo afecta a la iglesia que una persona actúe fuera de la dirección del Espíritu?

14. ¿Qué significa un "reposicionamiento táctico" espiritual?

15. ¿Por qué es importante seguir escuchando a Dios mientras se está en movimiento?

Terreno hostil, paso firme

16. Según Isaías 41:3, ¿cómo Dios nos da paz aun en rutas difíciles?

17. ¿Por qué la obediencia continua es como botas diseñadas para terreno hostil?

18. ¿Qué significa avanzar por fe y no por vista en caminos desconocidos?

19. ¿Cómo adaptar el paso espiritual a diferentes temporadas y terrenos?

20. ¿Por qué el caminar en comunidad fortalece el paso firme en terreno difícil?

Preguntas de discusión grupal

1. ¿Cómo defines la obediencia activa en tu caminar con Dios?

2. ¿Qué diferencia hay entre caminar por fe y caminar por costumbre?

3. ¿Qué ejemplos has visto de creyentes que avanzan firmemente sin importar el terreno?

Avanzar sin retroceder

4. ¿Por qué es peligroso retroceder sin orden en la vida espiritual?

5. ¿Cómo motivar a otros a avanzar cuando están tentados a rendirse?

6. ¿Qué prácticas ayudan a mantener el paso firme durante pruebas prolongadas?

Movilidad espiritual estratégica

7. ¿Qué señales prácticas te ayudan a discernir si es tiempo de moverse o esperar?

8. ¿Cómo evitar adelantarte a los planes de Dios por impulso personal?

9. ¿Qué enseñanzas extraes del concepto militar de "reposicionamiento táctico" aplicado a lo espiritual?

Terreno hostil, paso firme

10. ¿Qué papel juega la confianza en Dios cuando el terreno es incierto?

11. ¿Cómo el caminar acompañado fortalece el avance en tiempos difíciles?

12. ¿Por qué la firmeza en pasos pequeños es tan importante como grandes conquistas?

Ejercicios prácticos

1. Haz una lista de áreas en las que Dios te ha pedido avanzar y que aún no has obedecido por completo. Escribe un plan de acción para dar el siguiente paso.

2. Piensa en una situación actual de "terreno hostil" y anota cómo aplicarás la obediencia para avanzar esta semana.

Desafío semanal

1. Memoriza Romanos 10:15 y repítelo cada mañana como recordatorio de tu llamado a anunciar las buenas nuevas.

2. Da un paso de obediencia esta semana en algo que has postergado, aunque no veas el camino claro.

3. Busca a un creyente que esté luchando por avanzar y camina a su lado en oración y ánimo.

Dinámica de memorización

Romanos 10:15
¿Y cómo _____ si no fueren enviados? Como está escrito: ¡Cuán _____ son los _____ de los que anuncian la _____, de los que anuncian buenas _____!

Ejercicio de llena blancos

1. Las botas representan la _____ activa en la vida cristiana.

2. Avanzar por obediencia es caminar por _____ divina, no por emoción.

3. Retroceder sin orden es perder _____ y propósito.

4. La perseverancia es clave para la _____ espiritual.

5. Moverse sin dirección es exponerse sin _____.

6. El reposicionamiento táctico es un cambio de lugar por _____ divina.

7. Seguir escuchando a Dios mientras se avanza es señal de _____ espiritual.

8. La obediencia continua es como botas preparadas para _____ hostil.

9. Avanzar por fe es caminar sin _____ todo el camino.

10. Adaptar el paso al terreno refleja _____ en la misión.

11. Caminar en comunidad da _____ en el terreno difícil.

12. El paso firme en lo incierto es una declaración de _____.

Devocionales diarios

Día 1 – Hermosos pies
Lectura: Romanos 10:15
Reflexión: Dios honra a los que llevan Su mensaje caminando en obediencia.
Aplicación: Piensa en una persona a la que puedas llevarle un mensaje de paz esta semana.

Día 2 – Sin retroceder
Lectura: Hebreos 10:39
Reflexión: Retroceder es perder terreno; avanzar es obedecer.
Aplicación: Identifica un área donde estés tentado a retroceder y decide mantenerte firme.

Día 3 – Movilidad estratégica
Lectura: Números 9:23
Reflexión: El avance correcto se da cuando seguimos la dirección de Dios.
Aplicación: Ora pidiendo discernimiento para saber si es tiempo de moverte o esperar.

Día 4 – Paso en terreno difícil
Lectura: Isaías 41:3
Reflexión: Dios promete paz incluso en senderos desconocidos.
Aplicación: Agradece a Dios por guiarte en medio de la dificultad actual.

Día 5 – Obediencia en comunidad
Lectura: Eclesiastés 4:9-10
Reflexión: Caminar acompañado fortalece en medio de las pruebas.
Aplicación: Apoya hoy a alguien que esté atravesando un "terreno hostil".

Día 6 – Firmeza en la misión
Lectura: Josué 1:9
Reflexión: El valor para avanzar viene de la presencia de Dios.
Aplicación: Recuerda este versículo cada vez que sientas temor de dar un paso.

Día 7 – Avance continuo
Lectura: Filipenses 3:14
Reflexión: El objetivo está adelante, no atrás.
Aplicación: Enfócate esta semana en avanzar hacia la meta sin mirar lo que quedó atrás.

Capítulo 8
El cinturón táctico de la verdad

Efesios 6:14
Estad, pues, firmes, ceñidos vuestros lomos con la verdad, y vestidos con la coraza de justicia.

Resumen doctrinal
El cinturón de la verdad es la pieza que asegura y mantiene unida toda la armadura espiritual. Sin él, las demás piezas pierden estabilidad y funcionalidad. En el contexto moderno, el cinturón táctico organiza y sostiene las herramientas vitales para el combate, tal como la verdad sostiene la vida y misión del creyente. No es opcional ni decorativo: es esencial para la movilidad, el equilibrio y la resistencia. La verdad bíblica, vivida y aplicada, es la base que permite cargar y usar con eficacia los dones, la autoridad y la misión sin desbalancearnos ni ceder ante la mentira. Ceñirse con la verdad es una disciplina diaria y no negociable.

Preguntas de análisis individual

Introducción

1. ¿Por qué el cinturón era fundamental en la armadura antigua y lo es en el equipo táctico moderno?

2. ¿Qué simboliza la verdad en la vida del creyente según Efesios 6:14?

3. ¿Por qué la mentira debilita toda la estructura espiritual?

4. ¿Cómo la verdad estabiliza la identidad y misión del creyente?

5. ¿Qué peligros enfrenta una iglesia que no ama ni vive la verdad?

La verdad como estructura de movilidad espiritual

6. Según Juan 8:32, ¿qué significa que la verdad nos hará libres?

7. ¿Por qué la verdad no restringe sino que libera el avance seguro?

8. ¿Qué sucede cuando no aseguramos la verdad en el corazón durante la batalla?

9. ¿Cómo se relaciona la firmeza doctrinal con la movilidad espiritual?

10. ¿Por qué moverse sin verdad es moverse hacia el extravío y no hacia el avance?

Múltiples herramientas en un solo sistema de sujeción

11. Según Proverbios 23:23, ¿qué significa "comprar la verdad y no venderla"?

12. ¿Cómo la verdad sostiene otras virtudes y herramientas espirituales?

13. ¿Qué riesgos hay en tener dones sin estar ceñidos a la verdad?

14. ¿Por qué la verdad organiza y equilibra la operación espiritual?

15. ¿Cómo la falta de verdad puede convertir un don en un estorbo?

La verdad como soporte en movimiento y combate

16. Según Salmos 26:3, ¿qué implica andar en la verdad?

17. ¿Cómo la verdad protege durante movimientos estratégicos en la batalla?

18. ¿Qué significa revisar a diario si seguimos ceñidos con la verdad?

19. ¿Por qué la verdad es un punto de referencia constante en temporadas de cambio?

20. ¿Qué diferencia a un creyente que vive la verdad de uno que solo la conoce intelectualmente?

Preguntas de discusión grupal

Introducción

1. ¿Cómo se traduce el "cinturón de la verdad" en tu vida diaria?

2. ¿Qué ejemplos actuales ves de creyentes o iglesias que han soltado la verdad?

3. ¿Cómo la verdad da equilibrio emocional y espiritual en tiempos difíciles?

La verdad como estructura de movilidad espiritual

4. ¿Qué libertades falsas ofrece el mundo que en realidad esclavizan?

5. ¿Cómo la verdad bíblica evita que perdamos herramientas espirituales en la batalla?

6. ¿Qué señales muestran que una persona o iglesia ha dejado de ceñirse con la verdad?

Múltiples herramientas en un solo sistema de sujeción

7. ¿Cómo sostener con la verdad la autoridad y dones sin caer en orgullo?

8. ¿Por qué la verdad ordena nuestras prioridades ministeriales?

9. ¿Cómo puedes evaluar si tu ministerio o servicio está ceñido a la verdad?

La verdad como soporte en movimiento y combate

10. ¿Cómo te ayuda la verdad a tomar decisiones rápidas bajo presión?

11. ¿Qué prácticas fortalecen el hábito de "revisar el cinturón" cada día?

12. ¿Cómo la verdad te ha sostenido en un momento de combate espiritual?

Ejercicios prácticos

1. Revisa las áreas de tu vida donde la verdad bíblica no esté completamente ceñida y escribe pasos concretos para ajustarlas.

2. Elabora una lista de 5 principios bíblicos que consideres "herramientas esenciales" y evalúa si tu cinturón espiritual puede sostenerlas.

Desafío semanal

1. Memoriza Efesios 6:14 y repítelo cada mañana como recordatorio de ceñirte con la verdad.

2. Dedica 10 minutos diarios a meditar en un pasaje que afirme tu fundamento doctrinal.

3. Haz una revisión personal para identificar si has aceptado ideas que no están alineadas con la verdad bíblica.

Dinámica de memorización

Efesios 6:14
Estad, pues, _____, ceñidos vuestros _____ con la _____, y vestidos con la _____ de
_____.

Ejercicio de llena blancos

1. El cinturón de la verdad asegura y mantiene unida toda la _____ espiritual.

2. La mentira debilita la _____ e identidad del creyente.

3. La verdad estabiliza la identidad y la _____ del creyente.

4. Moverse sin verdad es moverse hacia el _____.

5. La verdad sostiene y organiza las demás _____ espirituales.

6. Los dones sin verdad pueden convertirse en un _____.

7. La verdad ordena la operación y da _____ ministerial.

8. Andar en la verdad implica vivir con transparencia y _____.

9. Revisar a diario el cinturón es asegurar nuestro _____ doctrinal.

10. La verdad es un punto de _____ en temporadas de cambio.

11. El creyente que vive la verdad es más estable que quien solo la _____.

12. El cinturón de la verdad es una disciplina _____ y no negociable.

Devocionales diarios

Día 1 – La base de todo
Lectura: Efesios 6:14
Reflexión: La verdad es el punto de partida para toda batalla espiritual.
Aplicación: Asegúrate de comenzar cada día recordando tu compromiso con la verdad.

Día 2 – Libertad verdadera
Lectura: Juan 8:32
Reflexión: La verdad no oprime, libera y estructura nuestro avance.
Aplicación: Identifica una "libertad falsa" que debas reemplazar por la verdad de Dios.

Día 3 – No la vendas
Lectura: Proverbios 23:23
Reflexión: La verdad es más valiosa que cualquier beneficio temporal.
Aplicación: Evalúa si has negociado principios por conveniencia y corrígelo.

Día 4 – Andar en la verdad
Lectura: Salmos 26:3
Reflexión: Caminar en la verdad es una estrategia de guerra espiritual.
Aplicación: Practica la transparencia y rectitud en una decisión de hoy.

Día 5 – Soporte en combate
Lectura: 2 Timoteo 4:2
Reflexión: La verdad firme nos permite reaccionar con autoridad en la batalla.
Aplicación: Declara una verdad bíblica en una situación desafiante de tu vida.

Día 6 – Herramientas firmes
Lectura: Santiago 1:22
Reflexión: La verdad debe vivirse, no solo conocerse.
Aplicación: Aplica un principio bíblico a una acción práctica hoy.

Día 7 – Punto de referencia
Lectura: Malaquías 3:6
Reflexión: La verdad de Dios es inmutable y constante en todo tiempo.
Aplicación: Agradece a Dios por ser tu referencia segura en temporadas de cambio.

Capítulo 9

El casco de comunicación y protección mental

Filipenses 4:7
Y la paz de Dios, que sobrepasa todo entendimiento, guardará vuestros corazones y vuestros pensamientos en Cristo Jesús.

Resumen doctrinal

El casco espiritual no solo protege la mente del creyente contra ataques directos, sino que mantiene una comunicación constante con el Comandante Supremo. En la guerra moderna, el casco integra sistemas de comunicación, visión y alerta; de igual manera, en la vida cristiana, el casco de salvación asegura que nuestros pensamientos estén alineados con la verdad y conectados a la voz de Dios. Una mente protegida es una mente que filtra mentiras, mantiene el enfoque y resiste el desgaste emocional. La victoria espiritual comienza con pensamientos sujetos a Cristo y una conexión directa e inquebrantable con el cielo.

Preguntas de análisis individual

Introducción

1. ¿Qué funciones cumple el casco en el equipo de un soldado moderno?

2. ¿Por qué la mente es un blanco estratégico del enemigo?

3. ¿Cómo se relaciona la protección mental con la comunicación espiritual?

4. ¿Qué peligros hay en vivir con la mente descubierta en la batalla espiritual?

5. ¿Cómo la distracción afecta la misión de un creyente?

Comunicación segura en medio del campo de batalla

6. Según Isaías 30:21, ¿qué promesa hace Dios a quienes escuchan Su voz?

7. ¿Por qué es vital discernir la voz de Dios en medio del ruido del mundo?

8. ¿Cómo el casco filtra la mentira y afina la percepción espiritual?

9. ¿Qué errores cometen los creyentes cuando actúan sin instrucciones claras?

10. ¿Qué significa mantener "la línea abierta" con el Comandante Supremo?

Protección mental en el combate moderno

11. Según 2 Corintios 10:5, ¿qué debemos hacer con los pensamientos contrarios a la verdad?

12. ¿Por qué la protección mental es preventiva y no solo reactiva?

13. ¿Cómo el enemigo utiliza la guerra psicológica en contra del creyente?

14. ¿Qué papel tiene la identidad en Cristo en la protección mental?

15. ¿Cómo la firmeza mental frustra las estrategias del enemigo?

Preparación diaria para batallas mentales

16. Según Efesios 4:23, ¿qué significa renovar el espíritu de nuestra mente?

17. ¿Por qué es importante revisar el "estado" de nuestra mente cada día?

18. ¿Qué prácticas fortalecen el casco espiritual en la rutina diaria?

19. ¿Cómo la preparación diaria transforma nuestras reacciones?

20. ¿Por qué la preparación mental diaria es una expresión de obediencia a Dios?

Preguntas de discusión grupal

Introducción

1. ¿En qué situaciones prácticas has necesitado proteger tu mente con el casco espiritual?

2. ¿Cómo has experimentado la conexión con Dios como un canal seguro de comunicación?

3. ¿Qué distracciones modernas consideras más peligrosas para la mente del creyente?

Comunicación segura en medio del campo de batalla

4. ¿Qué ejemplos has visto de interferencia espiritual en la comunicación con Dios?

5. ¿Cómo podemos discernir entre la voz de Dios y otras voces?

6. ¿Por qué a veces escuchar a Dios requiere silencio y no actividad?

Protección mental en el combate moderno

7. ¿Cómo identificas cuando un pensamiento viene del enemigo?

8. ¿Qué hábitos fortalecen la firmeza mental?

9. ¿Por qué la mente firme es clave para resistir en las pruebas prolongadas?

Preparación diaria para batallas mentales

10. ¿Qué rutinas diarias te ayudan a "ajustar" tu casco espiritual?

11. ¿Cómo puedes ayudar a otro creyente a proteger su mente?\

12. ¿Qué impacto tiene la preparación mental en el avance del Reino?

Ejercicios prácticos

1. Elabora una lista de 5 pensamientos negativos recurrentes y reemplázalos por versículos que afirmen la verdad de Dios.

2. Dedica 10 minutos cada mañana a revisar tu estado mental y orar para alinear tus pensamientos con Cristo.

Desafío semanal

1. Memoriza Filipenses 4:7 y repítelo cada vez que sientas ansiedad o confusión.

2. Limita durante una semana tu exposición a contenidos que distraen o contaminan tu mente.

3. Practica escuchar en oración en silencio por al menos 5 minutos diarios, pidiendo instrucciones claras al Señor.

Dinámica de memorización

Filipenses 4:7
Y la _____ de Dios, que sobrepasa todo _____, guardará vuestros _____ y vuestros _____ en Cristo Jesús.

Ejercicio de llena blancos

1. El casco espiritual protege la _____ del creyente.

2. La mente es un _____ de operaciones estratégicas.

3. El casco también es un centro de _____ espiritual.

4. Una mente protegida filtra las _____ del enemigo.

5. La comunicación con Dios requiere _____ intencional.

6. Derribar argumentos implica alinear pensamientos a _____.

7. La guerra espiritual incluye una batalla _____.

8. La identidad en Cristo es parte de la cobertura _____.

9. Preparar la mente es una decisión _____.

10. La firmeza mental es fruto de _____ constante.

11. El casco evita que el _____ penetre en el alma.

12. Pensar como salvos es parte de vivir en _____.

Devocionales diarios

Día 1 – Paz que guarda
Lectura: Filipenses 4:7
Reflexión: La paz de Dios actúa como un guardia permanente en nuestra mente.
Aplicación: Entrega a Dios un pensamiento que te inquieta y recibe Su paz.

Día 2 – Escuchar y obedecer
Lectura: Isaías 30:21
Reflexión: Dios dirige nuestros pasos cuando afinamos el oído a Su voz.
Aplicación: Toma una decisión hoy solo después de orar y escuchar al Señor.

Día 3 – Derribar argumentos
Lectura: 2 Corintios 10:5
Reflexión: Cada pensamiento contrario a Cristo debe ser arrestado y alineado.
Aplicación: Identifica y reemplaza un pensamiento que no refleja la verdad de Dios.

Día 4 – Renovar la mente
Lectura: Efesios 4:23
Reflexión: La renovación mental es un proceso diario de alineación espiritual.
Aplicación: Dedica tiempo hoy a meditar en un versículo que refuerce tu fe.

Día 5 – Protección preventiva
Lectura: Romanos 12:2
Reflexión: No conformarnos al mundo requiere una mente transformada.
Aplicación: Rechaza una influencia cultural que contradiga la Palabra.

Día 6 – Comunicación constante
Lectura: Juan 10:27
Reflexión: Las ovejas de Cristo conocen y siguen Su voz.
Aplicación: Practica escuchar la voz de Dios durante tu tiempo de oración.

Día 7 – Preparados para el día
Lectura: Salmos 119:105
Reflexión: La Palabra ilumina nuestra ruta en la batalla diaria.
Aplicación: Empieza el día declarando un versículo que guíe tus decisiones.

Capítulo 10

El radar espiritual: Discernimiento en un campo de batalla invisible

Hebreos 5:14

Pero el alimento sólido es para los que han alcanzado madurez, para los que por el uso tienen los sentidos ejercitados en el discernimiento del bien y del mal.

Resumen doctrinal

El discernimiento espiritual es la capacidad dada por Dios para identificar lo que es verdadero y lo que es falso, lo que viene de Él y lo que proviene del enemigo, incluso cuando este se disfraza. Funciona como un radar avanzado que detecta amenazas ocultas y guía decisiones estratégicas en un campo de batalla invisible. No se basa en sospecha ni en intuición humana, sino en sensibilidad espiritual ejercitada mediante la oración, la Palabra y la obediencia. Sin discernimiento, el creyente y la iglesia quedan expuestos a infiltraciones, errores doctrinales y decisiones letales. Con discernimiento activo, el pueblo de Dios avanza seguro, evita trampas y mantiene la pureza de la misión.

Preguntas de análisis individual

Introducción

1. ¿Qué función cumple el radar en la guerra moderna y cómo se relaciona con el discernimiento espiritual?

2. ¿En qué se diferencia el discernimiento de la sospecha o la intuición humana?

3. ¿Por qué el discernimiento es esencial en un mundo saturado de información?

4. ¿Qué consecuencias tiene ignorar la necesidad de discernimiento?

5. ¿Por qué el enemigo busca apagar nuestro "radar espiritual"?

Escaneo de amenazas

6. Según 2 Corintios 2:11, ¿qué debemos evitar para que Satanás no gane ventaja?

7. ¿Cómo nos protege el discernimiento de daños irreversibles?

8. ¿Qué pasos debemos seguir al percibir una posible amenaza espiritual?

9. ¿Por qué es importante calibrar continuamente nuestro discernimiento?

10. ¿Cómo diferenciar entre una advertencia del Espíritu y una reacción emocional?

Navegación en terreno minado

11. Según Proverbios 3:6, ¿qué papel juega reconocer a Dios en nuestras decisiones?

12. ¿Qué riesgos trae tomar decisiones por instinto o emoción?

13. ¿Cómo ayuda el discernimiento a evitar alianzas y puertas equivocadas?

14. ¿Por qué a veces el tiempo de espera es parte de la protección divina?

15. ¿Qué evidencia muestra que una decisión fue guiada por discernimiento?

Fuego amigo y camuflaje enemigo

16. Según 2 Corintios 11:14, ¿cómo se presenta Satanás y qué implica para la iglesia?

17. ¿Qué es el "fuego amigo" en el contexto espiritual?

18. ¿Cómo detectar el camuflaje del enemigo sin caer en juicio carnal?

19. ¿Por qué actividad no siempre es sinónimo de unción?

20. ¿Cómo el discernimiento mantiene la unidad sin sacrificar la verdad?

Preguntas de discusión grupal

Introducción

1. ¿Qué ejemplos prácticos has visto de discernimiento espiritual salvando una situación?

2. ¿Qué diferencia notas entre un creyente con discernimiento activo y uno sin él?

3. ¿Por qué crees que el discernimiento es poco practicado en muchas congregaciones?

Escaneo de amenazas

4. ¿Qué señales tempranas has aprendido a identificar como advertencias espirituales?

5. ¿Cómo se puede ejercitar el "radar espiritual" en la vida diaria?

6. ¿Qué errores comunes cometemos al interpretar advertencias del Espíritu?

Navegación en terreno minado

7. ¿Qué ejemplo bíblico ilustra una decisión tomada con discernimiento?

8. ¿Cómo distinguir entre prudencia y miedo disfrazado?

9. ¿Por qué la confirmación espiritual es clave antes de actuar?

Fuego amigo y camuflaje enemigo

10. ¿Cómo reaccionar cuando el "fuego amigo" proviene de personas cercanas?

11. ¿Qué herramientas nos da Dios para detectar el camuflaje espiritual?

12. ¿Cómo podemos mantener la mansedumbre y la firmeza al mismo tiempo al corregir un engaño?

Ejercicios prácticos

1. Durante una semana, registra en un diario espiritual cualquier impresión, advertencia o inquietud que percibas, y compárala con la Palabra para evaluarla.

2. Haz una lista de tres decisiones importantes que debas tomar y somételas a oración, buscando confirmación mediante la Biblia y el consejo piadoso.

Desafío semanal

1. Memoriza Hebreos 5:14 y medítalo al comenzar cada día.

2. Dedica un día de la semana a ayunar y orar específicamente por aumento de discernimiento.

3. Lee un pasaje bíblico diario pidiendo al Espíritu Santo que te muestre advertencias o direcciones específicas.

Dinámica de memorización

Hebreos 5:14

"Pero el _____ sólido es para los que han alcanzado _____, para los que por el uso tienen los _____ ejercitados en el _____ del _____ y del _____."

Ejercicio de llena blancos

1. El discernimiento es como un _____ que detecta lo invisible.

2. Sin discernimiento, la iglesia camina a _____.

3. El radar espiritual anticipa movimientos del _____.

4. La calibración del discernimiento se logra con _____ y obediencia.

5. Navegar terreno minado requiere _____ del Espíritu.

6. Las decisiones apresuradas pueden ser _____ disfrazadas.

7. El discernimiento protege de _____ doctrinales.

8. El fuego amigo puede provenir de _____ sinceros pero inmaduros.

9. Satanás se disfraza como _____ de luz.

10. La actividad no siempre indica _____.

11. El discernimiento mantiene la _____ de la iglesia.

12. Un ejército sin vigilancia será _____.

Devocionales diarios

Día 1 – Madurez y discernimiento
Lectura: Hebreos 5:14
Reflexión: El discernimiento es fruto de la madurez espiritual ejercitada.
Aplicación: Evalúa un área donde necesitas crecer en discernimiento y ora por ella.

Día 2 – No ignorar las maquinaciones
Lectura: 2 Corintios 2:11
Reflexión: Conocer las estrategias del enemigo nos da ventaja espiritual.
Aplicación: Pide a Dios que te revele una táctica del enemigo que debas enfrentar.

Día 3 – Dirección segura
Lectura: Proverbios 3:6
Reflexión: Reconocer a Dios en todo garantiza un camino recto.
Aplicación: Antes de decidir algo importante, preséntalo a Dios en oración.

Día 4 – Detectar el disfraz
Lectura: 2 Corintios 11:14
Reflexión: No todo lo que parece bueno viene de Dios.
Aplicación: Examina una situación actual a la luz de la Palabra para confirmar su origen.

Día 5 – Escanear antes de actuar
Lectura: Mateo 26:41
Reflexión: Velar y orar previene caer en tentación.
Aplicación: Dedica un momento hoy a escuchar lo que Dios quiere advertirte.

Día 6 – Decisiones con visión
Lectura: Isaías 30:21
Reflexión: Dios promete guiarte en el camino correcto.
Aplicación: Pide dirección específica para una decisión que debas tomar pronto.

Día 7 – Unidad y verdad
Lectura: Efesios 4:15
Reflexión: Hablar la verdad en amor protege la unidad de la iglesia.
Aplicación: Si debes corregir algo, hazlo con mansedumbre y firmeza.

Capítulo 11
Misiles de precisión: La oración estratégica

Santiago 5:16
La oración eficaz del justo puede mucho.

Resumen doctrinal

La oración estratégica es un arma espiritual de precisión, comparable a un misil guiado que alcanza blancos específicos sin dañar lo que está alrededor. No se basa solo en hablar con Dios, sino en orar con dirección, inteligencia espiritual y alineación a Su voluntad. Orar estratégicamente implica escuchar al Espíritu Santo, discernir el objetivo, y lanzar intercesiones con enfoque y autoridad. Una iglesia que ora sin estrategia se desgasta; una iglesia que ora con precisión derriba fortalezas, libera cautivos y transforma territorios. La efectividad no está en la cantidad de palabras, sino en la calidad del enfoque.

Preguntas de análisis individual

Introducción

1. ¿En qué se asemeja la oración estratégica a un misil de precisión?
2. ¿Cuál es la diferencia entre orar por emoción y orar por asignación?
3. ¿Qué riesgos existen al orar sin dirección espiritual?
4. ¿Por qué la oración estratégica requiere obediencia además de fe?
5. ¿Qué enseñó Jesús sobre orar conforme a la voluntad del Padre?

Designación del objetivo: Orando con inteligencia espiritual

6. Según Efesios 6:18, ¿cómo debe ser nuestra oración constante?
7. ¿Qué papel juega el discernimiento antes de orar por una situación?
8. ¿Qué consecuencias tiene atacar un blanco espiritual equivocado?
9. ¿Por qué es clave diferenciar entre carga emocional y dirección del Espíritu?
10. ¿Cómo transforma la oración estratégica una iglesia o ministerio?

Orden de coordenadas: La voluntad de Dios como objetivo

11. Según 1 Juan 5:14, ¿qué asegura que Dios escuche nuestras oraciones?
12. ¿Por qué orar fuera de la voluntad de Dios es ineficaz?

13. ¿Cómo podemos conocer y confirmar Su voluntad antes de interceder?

14. ¿Qué significa "hágase tu voluntad" como estrategia de guerra?

15. ¿Qué ejemplos bíblicos muestran oraciones alineadas a la voluntad de Dios?

Inteligencia de blancos espirituales

16. Según 2 Corintios 10:4, ¿qué tipo de armas usamos en la guerra espiritual?

17. ¿Qué son las fortalezas espirituales y cómo se detectan?\

18. ¿Cómo el Espíritu Santo nos provee inteligencia espiritual?

19. ¿Qué peligros enfrenta una iglesia que ora sin dirección?]

20. ¿Cómo se entrena un creyente en la inteligencia de blancos espirituales?

Preguntas de discusión grupal

Introducción

1. ¿Has visto resultados distintos al orar con enfoque específico?

2. ¿Cómo definirías "oración estratégica" en tus propias palabras?

3. ¿Qué riesgos tiene la iglesia que ora mucho pero sin estrategia?

Designación del objetivo

4. ¿Cómo se puede discernir si un asunto requiere intercesión inmediata o espera?

5. ¿Qué herramientas bíblicas ayudan a confirmar un blanco espiritual?

6. ¿Cómo influye la unidad de la iglesia en la efectividad de la oración estratégica?

Orden de coordenadas

7. ¿Por qué a veces Dios no responde como esperamos aunque oramos con fervor?

8. ¿Qué implica someter nuestras peticiones a la voluntad de Dios?

9. ¿Cómo balancear nuestras necesidades personales con la misión del Reino?

Inteligencia de blancos

10. ¿Qué fortalezas espirituales modernas necesitan ser destruidas en tu comunidad?

11. ¿Qué papel juega la obediencia en recibir revelación de batalla?

12. ¿Cómo evitar el activismo religioso sin fruto y orar con efectividad?

Ejercicios prácticos

1. Elige una situación específica (personal, familiar o ministerial) y dedica una semana a orar solo por ella, pidiendo inteligencia y coordenadas precisas del Espíritu.

2. Haz un mapa espiritual de tu entorno (hogar, iglesia, ciudad) identificando fortalezas y áreas que requieren intercesión estratégica.

Desafío semanal

1. Memoriza Santiago 5:16 y repítelo antes de orar cada día.

2. Dedica un día a orar únicamente en silencio, escuchando al Espíritu antes de hablar.

3. Haz una lista de tres objetivos de oración alineados con la voluntad de Dios y ora por ellos toda la semana.

Dinámica de memorización

Santiago 5:16
"La oración _____ del _____ puede _____."

Ejercicio de llena blancos

1. La oración estratégica es como un _____ guiado por satélite.

2. Orar sin dirección es como disparar con los ojos _____.

3. El discernimiento espiritual identifica el _____ correcto antes de orar.

4. Orar conforme a la voluntad de Dios asegura _____ celestial.

5. La inteligencia espiritual revela _____ ocultas del enemigo.

6. El Espíritu Santo es nuestro centro de _____ espiritual.

7. No todas las cargas de oración vienen del _____.

8. Orar sin análisis puede producir _____ espiritual.

9. La oración precisa desmantela _____ invisibles.

10. La madurez espiritual ora menos por _____ y más por la misión de Dios.

11. Las armas espirituales son poderosas para _____ fortalezas.

12. Una iglesia enfocada en oración estratégica se convierte en una fuerza _____.

Devocionales diarios

Día 1 – Orar con eficacia
Lectura: Santiago 5:16
Reflexión: La oración eficaz es la que está alineada a la justicia y la voluntad de Dios.
Aplicación: Antes de orar, pregúntale a Dios cuál es Su objetivo para esa intercesión.

Día 2 – Orar en todo tiempo
Lectura: Efesios 6:18
Reflexión: La perseverancia en la oración fortalece la estrategia espiritual.
Aplicación: Establece tres momentos de oración durante el día para mantenerte alerta.

Día 3 – La confianza en Su voluntad
Lectura: 1 Juan 5:14
Reflexión: Orar según la voluntad de Dios es garantía de respuesta.
Aplicación: Ajusta una petición personal para que esté alineada con Su propósito.

Día 4 – Armas poderosas
Lectura: 2 Corintios 10:4
Reflexión: Nuestras armas no dependen de fuerza humana, sino del poder de Dios.
Aplicación: Identifica una fortaleza espiritual y ora contra ella con versículos bíblicos.

Día 5 – Precisión en la oración
Lectura: Juan 15:7
Reflexión: Permanecer en Cristo asegura que nuestras peticiones sean efectivas.
Aplicación: Pide solo lo que esté en armonía con Su Palabra.

Día 6 – Escuchar antes de hablar
Lectura: Habacuc 2:1
Reflexión: Esperar la dirección de Dios es parte de la estrategia.
Aplicación: Dedica 10 minutos a escuchar al Espíritu antes de interceder.

Día 7 – Misiones cumplidas
Lectura: Hechos 12:5-11
Reflexión: La iglesia primitiva vio milagros porque oraba con propósito.
Aplicación: Une tu oración con la de otros creyentes para un objetivo común esta semana.

Capítulo 12

Tanques espirituales: Autoridad congregacional en movimiento

Mateo 16:18
Y yo también te digo, que tú eres Pedro, y sobre esta roca edificaré mi iglesia; y las puertas del Hades no prevalecerán contra ella.

Resumen doctrinal
La iglesia no fue diseñada para resistir pasivamente, sino para avanzar como un tanque espiritual: un cuerpo blindado, cohesionado y en movimiento bajo autoridad legítima. La fuerza no reside en un solo líder, sino en la unidad, la cobertura y la obediencia conjunta. Una iglesia que opera en orden espiritual es capaz de abrir camino en territorios dominados por las tinieblas, proteger a sus miembros y establecer el Reino de Dios. La cobertura no es control opresivo, sino blindaje que da libertad para servir con confianza. En la guerra espiritual, la victoria es fruto de avance coordinado, cobertura saludable y liderazgo que moviliza.

Preguntas de análisis individual

Introducción

1. ¿Qué representa el tanque en el contexto de la iglesia?
2. ¿Por qué el individualismo espiritual debilita el avance del Reino?
3. ¿Cómo se manifiesta la autoridad congregacional legítima?
4. ¿Qué diferencia hay entre control religioso y cobertura espiritual?
5. ¿Por qué la iglesia necesita estructura para ser efectiva?

Blindaje espiritual

6. Según Hebreos 13:17, ¿cuál es el rol del liderazgo pastoral?
7. ¿Por qué la cobertura es un acto de sabiduría estratégica?
8. ¿Qué riesgos corre un creyente que se aleja de su cobertura?
9. ¿Cómo se fortalece la confianza en la estructura de la iglesia?
10. ¿Qué señales identifican una cobertura sana?

Maniobra congregacional

11. ¿Qué enseña Filipenses 1:27 sobre unidad en la fe?
12. ¿Por qué la coordinación congregacional es clave para el avance?

13. ¿Qué provoca la división interna en la iglesia?

14. ¿Cómo discernir si una actividad congregacional es estratégica o emocional?

15. ¿Qué ejemplos bíblicos muestran avance colectivo ordenado?

El Bradley espiritual

16. Según Isaías 58:12, ¿qué rol restaurador tiene la iglesia?

17. ¿Qué paralelismos hay entre el Bradley IFV y la función congregacional?

18. ¿Cómo la iglesia puede ser refugio y plataforma de envío?

19. ¿Qué significa "fuego de apoyo" en términos espirituales?

20. ¿Por qué es vital la adaptabilidad congregacional en un campo de batalla cambiante?

Preguntas de discusión grupal

Introducción

1. ¿Cómo cambia tu perspectiva ver la iglesia como un tanque en movimiento?

2. ¿Qué riesgos ves en un cristiano que se desconecta de su congregación?

3. ¿Cómo se puede reforzar la unidad en tu iglesia local?

Blindaje espiritual

4. ¿Cómo diferenciar cobertura espiritual de abuso de autoridad?

5. ¿Qué ejemplos prácticos has visto de protección pastoral?

6. ¿Cómo responder a quienes rechazan toda forma de autoridad?

Maniobra congregacional

7. ¿Qué ministerios de tu iglesia necesitan mayor coordinación?

8. ¿Cómo puede la iglesia manejar desacuerdos internos sin perder avance?

9. ¿Qué significa moverse "con peso espiritual" y no solo con actividad?

El Bradley espiritual

10. ¿Qué estrategias puede implementar tu iglesia para proteger a nuevos creyentes?

11. ¿Cómo se puede fortalecer la cultura de respaldo y apoyo?

12. ¿Qué ajustes estructurales necesita tu congregación para ser más efectiva en misión?

Ejercicios prácticos

1. Haz un diagrama que represente tu iglesia como un tanque: incluye su "blindaje" (cobertura), "movimiento" (visión y unidad) y "fuego de apoyo" (intercesión y discipulado).

2. Elige un área ministerial de tu iglesia y escribe un plan para mejorar su coordinación con el resto del cuerpo.

Desafío semanal

1. Memoriza Mateo 16:18 y declara cada día que la iglesia avanza sin retroceder.

2. Busca a alguien de tu congregación que esté desconectado y reintégralo al cuerpo.

3. Ora diariamente por la cobertura y protección de tu liderazgo pastoral.

Dinámica de memorización

Mateo 16:18
"Y yo también te digo, que tú eres _____, y sobre esta _____ edificaré mi _____; y las _____ del _____ no prevalecerán contra ella."

Ejercicio de llena blancos

1. El tanque espiritual representa la _____ congregacional en movimiento.

2. El individualismo cristiano debilita la _____ del Reino.

3. La cobertura sana es un acto de _____ estratégica.

4. Alejarse del tanque espiritual deja al creyente _____.

5. La unidad congregacional requiere visión y _____ compartida.

6. El blindaje espiritual protege del _____ directo del enemigo.

7. La maniobra congregacional es movimiento _____ y no improvisado.

8. El fuego amigo ocurre cuando hay falta de _____.

9. El Bradley espiritual combina protección, transporte y _____ de apoyo.

10. Una iglesia adaptable discierne cuándo moverse y cuándo _____.

11. La cobertura no es control, es _____ para servir con libertad.

12. Una iglesia unida es una _____ imparable contra las tinieblas.

Devocionales diarios

Día 1 – La iglesia que avanza
Lectura: Mateo 16:18
Reflexión: Jesús diseñó Su iglesia para prevalecer y conquistar.
Aplicación: Ora por la visión de tu iglesia y comprométete a avanzar con ella.

Día 2 – Bajo cobertura
Lectura: Hebreos 13:17
Reflexión: La sujeción pastoral es protección espiritual.
Aplicación: Agradece y bendice a quienes velan por tu vida espiritual.

Día 3 – Unidad en el combate
Lectura: Filipenses 1:27
Reflexión: La unidad multiplica la fuerza espiritual.
Aplicación: Busca reconciliación con alguien de tu congregación.

Día 4 – Restauradores de portillos
Lectura: Isaías 58:12
Reflexión: La iglesia repara y reconstruye espiritualmente.
Aplicación: Involúcrate en un ministerio que restaure vidas.

Día 5 – Blindaje en medio del fuego
Lectura: Salmo 133:1-3
Reflexión: La bendición fluye donde hay unidad.
Aplicación: Haz algo intencional para promover unidad en tu iglesia.

Día 6 – Maniobra estratégica
Lectura: 1 Corintios 12:12-27
Reflexión: Cada miembro es vital para el avance del cuerpo.
Aplicación: Identifica tu función en la visión congregacional.

Día 7 – Avance imparable
Lectura: Josué 6:1-20
Reflexión: El pueblo unido bajo dirección divina derriba muros.
Aplicación: Únete a un proyecto o campaña congregacional de impacto.

Capítulo 13
El transporte y las redes: Evangelismo y misión global

Marcos 16:15
Y les dijo: Id por todo el mundo y predicad el evangelio a toda criatura.

Resumen doctrinal

El avance del Reino de Dios depende de un movimiento intencional y estratégico, como un ejército que se desplaza con vehículos y redes logísticas para cumplir su misión. El evangelismo y la misión global no son opciones para algunos creyentes, sino un mandato para toda la iglesia. La movilización comienza con un corazón dispuesto, continúa con rutas de impacto definidas por el Espíritu y se consolida en un convoy de creyentes que avanza en unidad de propósito. Una iglesia que se mantiene en movimiento y conectada a las instrucciones de Dios puede alcanzar territorios imposibles, usando medios tradicionales y modernos para llevar el mensaje de salvación.

Preguntas de análisis individual

Introducción

1. ¿Qué significa para ti la frase "el Reino de Dios no avanza por inercia"?
2. Según el capítulo, ¿por qué las redes espirituales son comparables a las redes de transporte militar?
3. ¿Cómo describe la Biblia el mandato de "Id por todo el mundo"?
4. ¿Qué peligros enfrenta una iglesia que se mantiene estática?
5. ¿Qué ejemplos bíblicos menciona el capítulo sobre movilidad dirigida por el Espíritu?

Movilización espiritual estratégica

6. ¿Por qué la movilización comienza con un "Heme aquí" antes de la logística?
7. ¿Qué implica romper el apego al confort para movilizarse espiritualmente?
8. ¿Cómo diferencia el capítulo entre movilidad y visibilidad?
9. ¿Qué nos enseña el ejemplo de Felipe sobre el impacto de una sola obediencia?
10. ¿Cómo puede un creyente vivir disponible para ser movilizado por Dios?

Rutas de impacto y redes de expansión

11. ¿Qué paralelismo hace el capítulo entre rutas militares y rutas espirituales?
12. ¿Por qué las redes espirituales correctas no compiten sino que se complementan?

13. ¿Qué peligros menciona el capítulo sobre depender más del medio que del mensaje?

14. ¿Cómo pueden las plataformas digitales convertirse en rutas ungidas para el evangelio?

15. ¿Qué ejemplos da el capítulo de "bases de avanzada" espirituales?

El convoy del Reino

16. ¿Qué enseñanza nos deja la imagen de un convoy militar aplicado a la iglesia?

17. ¿Cómo protege un convoy a los miembros más vulnerables?

18. ¿Por qué es vital la coordinación y comunicación en el avance del Reino?

19. ¿Qué papel tienen los creyentes "silenciosos" en el convoy?

20. ¿Cómo asegura el Espíritu Santo que el convoy llegue a su destino?

Preguntas de discusión grupal

Introducción

1. ¿Qué significa en la práctica decirle a Dios "Heme aquí" hoy en día?

2. ¿Cómo podemos romper como iglesia nuestra "cultura de estacionamiento"?

3. ¿Qué retos culturales o personales impiden la movilización?

Movilización espiritual estratégica

4. ¿Cómo discernir si una oportunidad es realmente una ruta de impacto?

5. ¿De qué forma podemos usar las redes sociales como herramientas consagradas?

6. ¿Cómo evitamos que las redes se conviertan en trampas de ego?

Rutas de impacto y redes de expansión

7. ¿Cómo afecta la falta de unidad al avance del convoy del Reino?

8. ¿Qué ejemplos actuales conoces de iglesias que avanzan en red y con propósito?

9. ¿Cómo podemos fortalecer la comunicación y coordinación entre ministerios?

El convoy del Reino

10. ¿Qué papel cumplen los que no están en el frente de evangelismo visible?

11. ¿Cómo asegurarnos de que nadie "quede atrás" en la misión de la iglesia?

12. ¿Qué estrategias podemos aplicar para integrar a todos los miembros en el avance?

Ejercicios prácticos

1. **Mapa misionero local:** Dibuja un mapa de tu ciudad o comunidad y marca posibles "rutas de impacto" donde la iglesia pueda movilizarse para evangelizar.

2. **Cadena de conexión:** Haz una lista de 10 personas de tu red personal (amigos, familia, trabajo) y establece un plan para compartir el evangelio con al menos 3 de ellas esta semana.

Desafío semanal

1. **Orar diariamente** por una nación o comunidad no alcanzada.

2. **Contactar a un misionero** o ministerio y ofrecer apoyo, ya sea oración, recursos o logística.

3. **Publicar un mensaje evangelístico** en tus redes sociales con un llamado claro a recibir a Cristo.

Dinámica de memorización

Marcos 16:15
"Y les dijo: __ por todo el __ y __ el evangelio a __ criatura."

Ejercicio de llena blancos

1. El evangelismo y la misión global requieren __ espirituales.

2. El mandato de Cristo es un llamado __ y __.

3. Las redes sociales pueden ser __ si se consagran.

4. La movilización comienza con un corazón __.

5. Isaías dijo: "Heme aquí, __ a mí."

6. La iglesia estancada se __ o se extingue.

7. Dios no busca talentos, sino __.

8. Las redes correctas no compiten, se __.

9. El convoy protege a los miembros más __.

10. La coordinación y la __ son claves en el avance.

11. El Espíritu Santo es como un sistema __ celestial.

12. El convoy del Reino no marcha solo: lo respalda el __.

Devocionales diarios

Día 1 – "Id por todo el mundo"
Lectura: Marcos 16:15
Reflexión: El mandato de Cristo es un envío activo, no una invitación pasiva.
Aplicación: Pregúntale a Dios cuál es tu "mundo" que debes alcanzar hoy.

Día 2 – "Heme aquí, envíame"
Lectura: Isaías 6:8
Reflexión: Dios envía a quienes ya están disponibles.
Aplicación: Dedica tiempo en oración para renovar tu disposición.

Día 3 – Rutas invisibles
Lectura: Hechos 8:26-40
Reflexión: Dios abre caminos que parecen insignificantes pero tienen impacto eterno.
Aplicación: Obedece incluso si la instrucción parece pequeña.

Día 4 – Redes ungidas
Lectura: Romanos 10:15
Reflexión: Las conexiones divinas son canales para el evangelio.
Aplicación: Ora por las personas clave en tu red para que sean puentes de salvación.

Día 5 – El convoy unido
Lectura: Salmos 68:11
Reflexión: El avance se logra cuando todos llevan buenas nuevas juntos.
Aplicación: Apoya a otro creyente en su ministerio esta semana.

Día 6 – Protección mutua
Lectura: 1 Corintios 12:25-26
Reflexión: En el cuerpo de Cristo nadie debe avanzar solo.
Aplicación: Identifica a alguien en tu iglesia que necesite apoyo y acompáñalo.

Día 7 – Respaldo celestial
Lectura: Mateo 28:20b
Reflexión: Jesús promete estar con nosotros en la misión.
Aplicación: Da un paso de fe en un área de evangelismo confiando en Su presencia.

Capítulo 14

Inteligencia espiritual: Detectando las estrategias del enemigo

2 Corintios 2:11
para que Satanás no gane ventaja alguna sobre nosotros; pues no ignoramos sus maquinaciones.

Resumen doctrinal

La inteligencia espiritual es la capacidad de percibir, anticipar y neutralizar las estrategias del enemigo mediante el discernimiento dado por el Espíritu Santo y el conocimiento de la Palabra. No se trata de un "don para unos pocos", sino de una disciplina y sensibilidad que todo creyente debe desarrollar para no caer en las trampas sutiles del adversario. Este capítulo enseña tres áreas clave:

1. **Reconocimiento anticipado** – vivir en vigilancia espiritual para detectar señales antes de que el ataque se materialice.

2. **Análisis de patrones** – identificar ciclos repetitivos en la forma de operar del enemigo para prevenir derrotas.

3. **Contrainteligencia espiritual** – cerrar accesos y neutralizar infiltraciones antes de que contaminen o debiliten al cuerpo de Cristo. El creyente que camina en inteligencia espiritual no vive en paranoia, sino en alerta activa, siendo proactivo en defensa y ofensiva espiritual.

Preguntas de análisis individual

Introducción

1. ¿Por qué la inteligencia es tan importante en la guerra física y en la espiritual?

2. Según el capítulo, ¿cómo define la Biblia la inteligencia espiritual?

3. ¿Qué ejemplo dio Jesús sobre anticipar los planes del enemigo?

4. ¿Por qué el engaño es la estrategia favorita del adversario?

5. ¿Qué diferencia hay entre información y revelación?

Reconocimiento anticipado

6. ¿Qué significa ser "sobrio y velar" según 1 Pedro 5:8?

7. ¿Por qué la vigilancia no debe confundirse con paranoia?

8. ¿Cuáles son señales comunes de distracción espiritual que abren la puerta al enemigo?

9. ¿Qué errores cometen las iglesias cuando reemplazan vigilancia por emocionalismo?

10. ¿Cómo puede un creyente mantener una vigilancia espiritual constante?

Análisis espiritual de patrones

11. ¿Qué son las "maquinaciones" que Pablo menciona en 2 Corintios 2:11?

12. ¿Por qué el enemigo tiende a repetir sus ataques en ciclos?

13. ¿Qué ejemplos bíblicos ilustran caídas por no detectar patrones espirituales?

14. ¿Cómo puede una iglesia aplicar el análisis de patrones para evitar derrotas?

15. ¿Por qué no es dar "demasiada atención al diablo" estudiar sus estrategias?

16. Análisis espiritual de patrones

17. ¿Qué significa "no dar lugar al diablo" en Efesios 4:27?

18. Menciona tres tipos de accesos que el enemigo puede usar para infiltrarse.

19. ¿Cómo puede una iglesia establecer protocolos de seguridad espiritual?

20. ¿Qué implica exponer una infiltración espiritual con amor y firmeza?

21. ¿Por qué la comodidad espiritual es peligrosa en tiempos de guerra?

Preguntas de discusión grupal (12)

Introducción

1. ¿Qué ejemplos actuales muestran la necesidad de mayor vigilancia espiritual en la iglesia?

2. ¿Cómo podemos entrenar a los nuevos creyentes para estar alertas sin vivir con miedo?

3. ¿Qué rol tiene la oración en la detección temprana de ataques?

Reconocimiento anticipado

4. ¿Has visto en tu vida o iglesia un patrón repetitivo de ataque espiritual?

5. ¿Cómo se puede romper un ciclo destructivo?

6. ¿Qué pasa si la iglesia ignora estos patrones?

Análisis espiritual de patrones

7. ¿Qué grietas suelen ser más difíciles de detectar en lo personal?

8. ¿Cómo se aplica la "rendición de cuentas" como medida de contrainteligencia?

9. ¿Por qué a veces nos cuesta confrontar infiltraciones espirituales?

Análisis espiritual de patrones

10. ¿Cómo se construye una comunidad espiritualmente segura?

11. ¿Qué ejemplos bíblicos muestran un cierre exitoso de accesos al enemigo?

12. ¿Qué cambios prácticos implementarías en tu congregación para mejorar la contrainteligencia espiritual?

Ejercicios prácticos

1. **Mapa de riesgos espirituales:** Haz una lista de tus áreas más vulnerables y escribe al lado pasos prácticos para reforzarlas en oración y disciplina.

2. **Patrullaje congregacional:** Organiza un grupo de intercesión para orar específicamente por protección, pureza doctrinal y discernimiento en tu iglesia.

Desafío semanal

1. **Identificar patrones:** Observa tu semana y anota cualquier repetición de tentaciones, distracciones o ataques emocionales.

2. **Cerrar un acceso:** Toma acción para cortar una influencia, hábito o relación que el Espíritu te muestre como brecha abierta.

3. **Alerta activa:** Ora cada día pidiendo al Espíritu Santo que te muestre lo que el enemigo intenta ocultar.

Dinámica de memorización

2 Corintios 2:11
"para que Satanás no gane __ alguna sobre nosotros; pues no __ sus maquinaciones."

Ejercicio de llena blancos

1. La inteligencia espiritual es una __ desarrollada por el Espíritu Santo.

2. El enemigo ataca usando el __ y la sutileza.

3. La vigilancia espiritual requiere sobriedad __ y claridad __.

4. El reconocimiento anticipado se basa en la __ con el Espíritu Santo.

5. Las maquinaciones del enemigo suelen repetirse en __.

6. Analizar patrones no es dar gloria al __.

7. No dar lugar al diablo significa cerrar __ de acceso.

8. Las grietas más comunes son el __, la falta de perdón y la negligencia.

9. La contrainteligencia espiritual busca detectar y __ infiltraciones.

10. La comodidad espiritual es aliada del __.

11. Exponer lo oculto busca restaurar, no __.

12. Un ejército sin vigilancia es como una ciudad sin __.

Devocionales diarios

Día 1 – "No ignoramos sus maquinaciones"
Lectura: 2 Corintios 2:11
Reflexión: El conocimiento espiritual protege del engaño.
Aplicación: Pide al Espíritu Santo que te revele las estrategias ocultas contra ti.

Día 2 – "Sed sobrios y velad"
Lectura: 1 Pedro 5:8
Reflexión: La vigilancia es una actitud constante, no ocasional.
Aplicación: Evalúa si estás distraído espiritualmente.

Día 3 – Detectando patrones
Lectura: Jueces 2:11-19
Reflexión: Israel cayó en ciclos repetitivos de pecado por falta de atención.
Aplicación: Identifica si tienes un ciclo que necesita romperse.

Día 4 – Rompiendo ciclos
Lectura: Santiago 4:7
Reflexión: Someterse a Dios es la clave para resistir al diablo.
Aplicación: Rinde a Dios las áreas donde has visto repetición de caídas.

Día 5 – No dar lugar
Lectura: Efesios 4:27
Reflexión: El enemigo opera donde encuentra puertas abiertas.
Aplicación: Haz una limpieza espiritual de tus hábitos y relaciones.

Día 6 – Exponer para restaurar
Lectura: Juan 8:32
Reflexión: La verdad expone lo oculto para traer libertad.
Aplicación: Confiesa a Dios y, si es necesario, busca consejo para ser restaurado.

Día 7 – Cultura de alerta
Lectura: Nehemías 4:9
Reflexión: Orar y vigilar es una estrategia bíblica para proteger lo que Dios edifica.
Aplicación: Participa activamente en la oración de cobertura de tu iglesia.

Capítulo 15

Fuerzas especiales espirituales: Equipos de misión avanzada

2 Samuel 23:8

Estos son los nombres de los valientes que tuvo David: Josheb-basabet el tacmonita, principal de los capitanes; éste era Adino el eznita, que mató a ochocientos hombres en una ocasión

Resumen doctrinal

En el Reino de Dios, las fuerzas especiales espirituales son creyentes formados en lo oculto, con obediencia inquebrantable y entrenados para misiones avanzadas en territorios hostiles. No buscan visibilidad ni reconocimiento humano, sino cumplir con precisión las órdenes del Comandante Supremo. Así como en el mundo militar, estos soldados espirituales se distinguen por su resistencia, disciplina y adaptabilidad. Operan en intercesión estratégica, evangelización en lugares no alcanzados, consejería en zonas de conflicto y plantación de iglesias en áreas cerradas, siempre bajo cobertura espiritual y dirección divina.

Preguntas de análisis individual

Introducción

1. ¿Qué características diferencian a un creyente de misión avanzada de uno que no lo es?
2. ¿Por qué es más importante la obediencia que la visibilidad en las fuerzas especiales espirituales?
3. ¿Cómo se relaciona el entrenamiento militar con la preparación espiritual descrita en este capítulo?
4. ¿Por qué estos creyentes pueden ser enviados a territorios donde otros no entran?
5. ¿Qué papel debe tener la iglesia en el despliegue de estos soldados espirituales?

Reclutados en el silencio

6. ¿Por qué Dios entrena a sus guerreros en el anonimato?
7. ¿Qué ejemplos bíblicos muestran el patrón de aislamiento antes de la asignación?
8. ¿Qué áreas del carácter se trabajan durante este entrenamiento oculto?
9. ¿Por qué este proceso no debe verse como un castigo?
10. ¿Qué frutos demuestran que un creyente ha sido preparado en lo secreto?

Operaciones encubiertas

11. ¿Qué similitud hay entre una misión militar encubierta y una misión espiritual avanzada?

12. ¿Cómo ilustra Felipe en Samaria la obediencia inmediata a la instrucción divina?

13. ¿Qué cualidades necesita un creyente para entrar en territorio hostil?

14. ¿Por qué este tipo de misión puede ser malinterpretada por otros creyentes?

15. ¿Cómo se mantiene la cobertura espiritual en estas operaciones?

Soldados silenciosos

16. ¿Por qué son importantes los creyentes que sirven sin ser vistos?

17. ¿Cómo describe Hebreos 11:38 a estos soldados?

18. ¿Qué labores invisibles sostienen el avance del Reino en una iglesia?

19. ¿Qué papel juega la humildad en la efectividad de estos guerreros?

20. ¿Cómo puedes aplicar este principio de servicio silencioso en tu vida?

Preguntas de discusión grupal

Introducción

1. ¿Qué ejemplos modernos conoces de creyentes que operan como fuerzas especiales espirituales?

2. ¿Crees que la iglesia actual está preparada para reconocer y apoyar este tipo de ministerio?

3. ¿Cómo se puede evitar que estos creyentes sean malinterpretados o frenados?

Reclutados en el silencio

4. ¿Qué señales indican que Dios está formando a alguien en lo oculto?

5. ¿Cómo podemos proteger a los que están en su proceso de formación?

6. ¿Qué riesgos hay en enviar a alguien antes de que esté listo?

Operaciones encubiertas

7. ¿Qué estrategias espirituales son necesarias para una misión encubierta?

8. ¿Cómo discernir si una asignación viene de Dios y no de una motivación personal?

9. ¿Qué aprendizajes de Felipe en Samaria se aplican hoy?

Soldados silenciosos

10. ¿Por qué el anonimato puede ser una ventaja estratégica?

11. ¿Cómo se puede honrar y cuidar a estos servidores invisibles?

12. ¿Qué cambios produciría en la iglesia si más creyentes adoptaran este estilo de servicio?

Ejercicios prácticos

1. **Mapa de operaciones del Reino:** Identifica áreas de tu ciudad o comunidad que sean "territorios hostiles" espiritualmente. Ora y busca una estrategia para impactarlas.

2. **Proyecto de intercesión estratégica:** Organiza un grupo de oración de 7 días por un lugar o situación específica. Registra en un diario lo que Dios revele y los cambios observados.

Desafío semanal

1. Dedica tres días a la semana a un tiempo especial de oración sin distracciones tecnológicas, buscando dirección de Dios para tu asignación.

2. Realiza un acto de servicio en secreto, sin que nadie más lo sepa, y entrégalo a Dios como ejercicio de humildad.

3. Ora diariamente por alguien que creas que está siendo formado en lo oculto, pidiendo que Dios lo fortalezca.

Dinámica de memorización

2 Samuel 23:8

"Estos son los _____ de los _____ que tuvo David: Josheb-basabet el tacmonita, principal de los capitanes; éste era Adino el eznita, que _____ a _____ hombres en una ocasión."

Ejercicio de llena blancos

1. Las guerras no siempre se ganan con _____ ejércitos.

2. Dios levanta creyentes formados en _____.

3. El entrenamiento secreto forma _____ antes que plataforma.

4. Gedeón fue llamado mientras _____ trigo en secreto.

5. El patrón bíblico es aislamiento antes de _____.

6. Felipe fue enviado a _____ con una misión puntual.

7. Las operaciones encubiertas requieren _____ y dominio propio.

8. Estos soldados no rompen cobertura, pero _____ estructuras.

9. Muchos héroes de la fe fueron desconocidos por el _____.

10. El mayor impacto se produce cuando _____ es exaltado.

11. Antes de la cosecha masiva hay _____ secreta.

12. El anonimato puede ser una _____ divina.

Devocionales diarios

Día 1 – Reclutados en lo oculto
Lectura: Jueces 6:12
Reflexión: Dios llama a sus guerreros en el anonimato, no en el centro de atención. Gedeón fue encontrado en un lugar escondido, pero su obediencia lo llevó a liderar grandes victorias.
Aplicación: Evalúa si estás menospreciando tu tiempo de anonimato. Ofrécelo a Dios como un entrenamiento para misiones futuras.

Día 2 – Entrenamiento antes de la misión
Lectura: Éxodo 3:1-4
Reflexión: Antes de que Moisés fuera usado para liberar a Israel, pasó años en el desierto cuidando ovejas. El desierto fue su campo de entrenamiento.
Aplicación: Identifica áreas donde Dios está formando tu carácter y somételas voluntariamente a Su proceso.

Día 3 – Operaciones en territorio hostil
Lectura: Hechos 8:5
Reflexión: Felipe entró a una ciudad espiritualmente contaminada y llevó luz y verdad por dirección del Espíritu Santo. Las misiones avanzadas requieren obediencia inmediata.
Aplicación: Ora pidiendo discernimiento para saber si Dios te está enviando a un "territorio hostil" espiritual y cómo debes entrar.

Día 4 – Invisibles pero efectivos
Lectura: Hebreos 11:38
Reflexión: Muchos héroes de la fe fueron desconocidos por el mundo, pero indispensables en el plan de Dios. La efectividad no siempre es visible.
Aplicación: Haz hoy un acto de servicio que solo Dios vea, y celébralo con Él en oración.

Día 5 – Precisión en la asignación
Lectura: Isaías 50:4
Reflexión: Un soldado espiritual debe tener "lengua de sabios" para hablar en el momento exacto lo que Dios ordena. La precisión viene de la comunión diaria con Él.
Aplicación: Dedica tiempo a escuchar en oración antes de actuar o hablar en tu ministerio.

Día 6 – Resistencia en la misión
Lectura: 2 Corintios 4:8-9
Reflexión: Los guerreros espirituales enfrentan presión y oposición, pero su resistencia viene de la fortaleza de Dios, no de su fuerza personal.
Aplicación: Entrega a Dios la situación más difícil que enfrentas y pídele renovar tu capacidad de resistir.

Día 7 – Cumpliendo la misión sin distracciones
Lectura: 2 Timoteo 2:4
Reflexión: Un soldado no se enreda en los negocios de la vida si quiere agradar a su comandante. La misión siempre es prioridad.
Aplicación: Haz una lista de posibles distracciones en tu vida espiritual y decide cuál vas a eliminar esta semana para avanzar.

Capítulo 16

Ciberseguridad espiritual: Guardando la mente y el corazón

Proverbios 4:23
Sobre toda cosa guardada, guarda tu corazón; Porque de él mana la vida.

Resumen doctrinal

En la era digital, la seguridad no es solo física, sino mental y emocional. En el mundo militar, la ciberseguridad protege sistemas contra intrusiones y sabotajes invisibles. En el campo espiritual, Dios nos llama a proteger la mente y el corazón de infiltraciones ideológicas, emocionales y doctrinales que buscan alterar nuestra fe. Esto implica establecer "cortafuegos" que filtren lo que entra, "antivirus" que detecten y neutralicen lo corrupto, y "encriptación" que resguarde lo sagrado de accesos no autorizados. La vigilancia espiritual constante es clave para preservar la integridad del creyente.

Preguntas de análisis individual

Introducción

1. ¿Por qué el autor compara la ciberseguridad militar con la protección espiritual?
2. ¿Cómo puede una puerta emocional abierta comprometer la vida espiritual?
3. ¿Qué significa "hackear la percepción espiritual"?
4. ¿Por qué la vigilancia continua es esencial en la vida cristiana?
5. ¿Qué papel juegan los protocolos bíblicos en la protección del creyente?

Cortafuegos espiritual

6. ¿Qué función cumple un cortafuegos espiritual en la mente del creyente?
7. ¿Cómo se infiltran ideas y tentaciones de forma sutil?
8. ¿Por qué no se debe subestimar un pensamiento pequeño pero contaminante?
9. ¿Cuál es el papel del Espíritu Santo como sistema de alerta temprana?
10. ¿Qué enseña Filipenses 4:8 en relación con el filtro mental?

Antivirus espiritual

11. ¿Por qué no basta con bloquear lo externo si lo interno ya está contaminado?
12. ¿Qué implica llevar cautivo todo pensamiento a Cristo?
13. ¿Cómo puede un pensamiento erróneo gobernar la conducta de una persona?

14. ¿Por qué la humildad es esencial en la "actualización" del antivirus espiritual?

15. ¿Cómo se asemeja la renovación de la mente a una actualización de sistema?

Encriptación espiritual

16. ¿Qué significa no dar lo santo a quienes no lo valoran?

17. ¿Por qué es peligroso compartir prematuramente una visión o palabra de Dios?

18. ¿Qué paralelismo hay entre la información clasificada en el ejército y lo sagrado en lo espiritual?

19. ¿Cómo proteger lo que entra y lo que sale del corazón?

20. ¿Qué riesgos hay si no se establecen límites claros para lo sagrado?

Preguntas de discusión grupal

Introducción

1. ¿Qué similitudes encuentras entre ataques digitales y ataques espirituales?

2. ¿Por qué el corazón es el "centro de comando" de la vida espiritual?

3. ¿Cómo podríamos definir un "protocolo de seguridad espiritual" en la iglesia?

Cortafuegos espiritual

4. ¿Qué criterios prácticos podemos usar para filtrar lo que entra en nuestra mente?

5. ¿Cómo fortalecer la sensibilidad al Espíritu para detectar amenazas?

6. ¿Qué hábitos pueden debilitar el "cortafuegos" interno?

Antivirus espiritual

7. ¿Cómo se detectan pensamientos que llevan tiempo operando en el creyente?

8. ¿Qué ejemplos bíblicos muestran la confrontación directa de pensamientos erróneos?

9. ¿Qué significa permitir que Dios tenga "acceso total" a nuestro interior?

Encriptación espiritual

10. ¿Cuándo es prudente guardar silencio sobre lo que Dios nos ha revelado?

11. ¿Cómo proteger nuestros tesoros espirituales de influencias destructivas?

12. ¿Qué consecuencias trae hablar antes de tiempo sobre lo que Dios está haciendo?

Ejercicios prácticos

1. Haz una lista de pensamientos recurrentes que afectan tu fe y confróntalos con la verdad bíblica.

2. Evalúa qué contenidos (medios, conversaciones, hábitos) están debilitando tu "cortafuegos espiritual" y establece acciones para eliminarlos o reemplazarlos.

Desafío semanal

1. Memoriza Proverbios 4:23 y repítelo cada mañana como recordatorio de vigilancia.

2. Establece un tiempo diario para examinar y filtrar tus pensamientos usando Filipenses 4:8.

3. Guarda durante esta semana algo que Dios te ha mostrado y compártelo solo con alguien espiritualmente maduro.

Dinámica de memorización

Proverbios 4:23
"Sobre toda cosa _____, guarda tu _____; Porque de él _____ la _____."

Ejercicio de llena blancos

1. La mente y el corazón son el _____ de comando espiritual.

2. Un cortafuegos espiritual filtra lo que entra por los _____.

3. No todo pensamiento debe ser _____.

4. Un solo pensamiento contaminado puede destruir la _____.

5. El antivirus espiritual detecta y neutraliza lo que ya está _____.

6. Llevar cautivo todo pensamiento es una acción _____.

7. Los virus espirituales a menudo se camuflan como ideas _____.

8. La renovación de la mente es como una _____ de sistema.

9. La encriptación espiritual protege lo _____.

10. No se debe dar lo santo a quienes no lo _____.

11. El discernimiento es el _____ para decidir qué compartir.

12. La exposición prematura puede producir _____ espiritual.

Devocionales diarios

Día 1 – Guardar el centro de comando
Lectura: Proverbios 4:23
Reflexión: El corazón y la mente son el núcleo de decisiones y motivaciones espirituales; lo que entra ahí define la dirección de la vida.
Aplicación: Evalúa qué está entrando hoy en tu corazón y decide qué debes bloquear.

Día 2 – Activar el cortafuegos
Lectura: Filipenses 4:8
Reflexión: Filtrar pensamientos es una acción consciente que mantiene la mente alineada a la verdad.
Aplicación: Haz una lista de lo que sí debe ocupar tu mente y úsala como referencia diaria.

Día 3 – Escaneo interno
Lectura: 2 Corintios 10:5
Reflexión: Los pensamientos erróneos no deben ser tolerados; hay que confrontarlos con la Palabra y someterlos a Cristo.
Aplicación: Identifica hoy un pensamiento que no viene de Dios y reemplázalo por un versículo.

Día 4 – Códigos sagrados
Lectura: Mateo 7:6
Reflexión: Lo que Dios revela debe guardarse de quienes no lo valoran para evitar que sea distorsionado.
Aplicación: Ora pidiendo discernimiento para saber cuándo hablar y cuándo callar.

Día 5 – Actualización diaria
Lectura: Romanos 12:2
Reflexión: La mente se renueva cada día con la Palabra, reforzando la capacidad de detectar amenazas nuevas.
Aplicación: Dedica un tiempo específico hoy para leer y meditar en un pasaje que te fortalezca.

Día 6 – Resguardando las puertas
Lectura: Salmo 101:3
Reflexión: La protección del corazón implica rechazar lo que sabemos que no edifica.
Aplicación: Elimina o apaga hoy una fuente de contenido que esté debilitando tu vida espiritual.

Día 7 – Acceso total a Dios
Lectura: Salmo 139:23-24
Reflexión: Permitir que Dios examine todo nuestro ser garantiza limpieza y protección internas.
Aplicación: Haz una oración entregando cada área de tu mente y corazón para que Dios la revise y purifique.

Capítulo 17

Rescate de soldados heridos: Restauración espiritual en batalla

Isaías 61:1

El Espíritu de Jehová el Señor está sobre mí, porque me ungió Jehová; me ha enviado a predicar buenas nuevas a los abatidos, a vendar a los quebrantados de corazón, a publicar libertad a los cautivos, y a los presos apertura de la cárcel.

Resumen doctrinal

En la guerra espiritual, no todas las bajas significan muerte; muchos soldados del Reino resultan heridos, atrapados o desorientados. El corazón de Dios no es descartarlos, sino restaurarlos. El rescate espiritual incluye tres etapas: reconocer las bajas, intervenir con rapidez y sensibilidad, y reinsertar al soldado sin vergüenza. La iglesia está llamada a ser un hospital de campaña, no una corte marcial. La restauración no encubre el pecado, sino que sana, disciplina y reubica al creyente en su posición. Un ejército que rescata y restaura se fortalece y envía un mensaje claro: aquí nadie queda atrás.

Preguntas de análisis individual

Introducción

1. ¿Por qué es importante diferenciar entre un soldado herido y un desertor?

2. ¿Qué errores comunes comete la iglesia con los heridos espirituales?

3. ¿Qué significa que la restauración es parte esencial de la misión?

4. ¿Cómo se refleja el carácter de Cristo en el rescate de un herido?

5. ¿Por qué la restauración es también una estrategia de avance?

Reconocimiento de bajas espirituales

6. ¿Qué enseña Gálatas 6:1 sobre la manera correcta de restaurar?

7. ¿Cómo detectar señales sutiles de una herida espiritual?

8. ¿Por qué no se debe asumir que toda ausencia en la iglesia es rebeldía?

9. ¿Cuál es la diferencia entre vigilancia espiritual y control?

10. ¿Por qué esta tarea no es solo responsabilidad pastoral?

Intervención táctica

11. ¿Qué importancia tiene actuar con rapidez ante una crisis espiritual?

12. ¿Por qué la intervención debe hacerse con sensibilidad y no con dureza?

13. ¿Qué riesgos corre un rescatista espiritual si no está firme?

14. ¿Cómo se puede respaldar estratégicamente una intervención?

15. ¿Qué enseña Santiago 5:20 sobre el valor de rescatar a un pecador?

Reinserción en las filas

16. ¿Por qué la vergüenza es un arma del enemigo contra los restaurados?

17. ¿Cómo la cultura de gracia ayuda en la reintegración?

18. ¿Qué papel juega la asignación de nuevas responsabilidades en este proceso?

19. ¿Por qué es importante preparar a la congregación para recibir al restaurado?

20. ¿Qué testimonio da al mundo una reinserción exitosa?

Preguntas de discusión grupal

Introducción

1. ¿Qué ejemplos conoces de personas que fueron rescatadas espiritualmente y ahora sirven con efectividad?

2. ¿Cómo cambiaría la imagen de la iglesia si se practicara más la restauración?

3. ¿Qué elementos hacen que la restauración sea parte de la misión y no algo opcional?

Reconocimiento de bajas espirituales

4. ¿Cómo desarrollar una sensibilidad espiritual que detecte a los heridos?

5. ¿Qué señales pueden indicar que alguien está "presente" físicamente pero herido internamente?

6. ¿Cómo evitar la indiferencia frente a las bajas espirituales?

Intervención táctica

7. ¿Qué acciones concretas representan "intervenir con sensibilidad"?

8. ¿Qué precauciones debe tomar quien ayuda a un herido para no caer él mismo?

9. ¿Por qué es vital el respaldo de un equipo en todo rescate espiritual?

Reinserción en las filas

10. ¿Cómo ayudar a un restaurado a superar la vergüenza?

11. ¿Qué pasos prácticos debe seguir una iglesia para recibir y reinsertar a un restaurado?

12. ¿Cómo un restaurado puede convertirse en mentor de otros?

Ejercicios prácticos

1. Elabora un "protocolo de rescate" para tu ministerio o iglesia, que incluya pasos claros para reconocer, intervenir y reinsertar a un herido espiritual.

2. Identifica a una persona que haya estado ausente o desconectada espiritualmente y ora esta semana por dirección de Dios para acercarte y ministrarle.

Desafío semanal

1. Dedica tres días a interceder específicamente por creyentes heridos y apartados.

2. Llama o visita a una persona que Dios ponga en tu corazón, con el objetivo de animarla y escucharla.

3. Estudia Gálatas 6:1 y Santiago 5:20, escribiendo un plan personal de cómo responderías ante un herido espiritual.

Dinámica de memorización

Isaías 61:1

"El Espíritu de _____ el Señor está sobre mí, porque me _____ Jehová; me ha enviado a predicar buenas _____ a los abatidos, a _____ a los quebrantados de corazón, a publicar _____ a los cautivos, y a los presos _____ de la cárcel."

Ejercicio de llena blancos

1. La restauración no es debilidad, sino parte de la _____.

2. Tratar a un herido como desertor es un _____ grave.

3. El reconocimiento espiritual requiere _____ y madurez.

4. La vigilancia no es control, sino _____ activo.

5. Intervenir con dureza puede agravar la _____.

6. Un rescatista espiritual debe estar _____ en su fe.

7. El respaldo estratégico incluye oración e _____.

8. La vergüenza mantiene al restaurado _____.

9. La cultura de gracia abre puertas a la _____.

10. Un restaurado puede convertirse en _____ para otros.

11. Preparar a la congregación evita el _____ y el morbo.

12. Una reinserción exitosa glorifica a _____.

Devocionales diarios

Día 1 – El corazón de rescate
Lectura: Lucas 15:4
Reflexión: Jesús deja a las noventa y nueve para buscar a la oveja perdida. El corazón de rescate es activo, no pasivo.
Aplicación: Ora para que Dios te dé sensibilidad hacia los heridos espirituales.

Día 2 – Detectando señales
Lectura: Gálatas 6:1
Reflexión: Restaurar requiere mansedumbre y autoconciencia de nuestras propias debilidades.
Aplicación: Haz una lista de señales que pueden indicar que alguien necesita ayuda espiritual.

Día 3 – Actuar sin demora
Lectura: Santiago 5:20
Reflexión: Rescatar a un pecador salva su alma y cubre multitud de pecados.
Aplicación: No retrases un acercamiento que Dios te está pidiendo hacer.

Día 4 – Sanar y vendar
Lectura: Salmo 147:3
Reflexión: Dios sana y venda, y nos llama a ser instrumentos de esa sanidad.
Aplicación: Pregunta a Dios a quién puedes ministrar esta semana con palabras de sanidad.

Día 5 – Restaurar la dignidad
Lectura: Juan 21:15-17
Reflexión: Jesús reinstaló a Pedro dándole nuevamente una misión después de su caída.
Aplicación: Considera cómo puedes ayudar a alguien a recordar su llamado.

Día 6 – Caminar juntos
Lectura: Eclesiastés 4:9-10
Reflexión: Mejor son dos que uno, porque si uno cae, el otro lo levanta.
Aplicación: Sé el compañero que ayuda a levantar, no el que señala la caída.

Día 7 – Cicatrices que testifican
Lectura: 2 Corintios 1:3-4
Reflexión: Dios nos consuela para que podamos consolar a otros con el mismo consuelo.
Aplicación: Usa una experiencia pasada de sanidad para animar a alguien en prueba.

Capítulo 18

Adaptabilidad táctica: Flexibilidad para nuevos frentes de batalla

2 Timoteo 4:2
"Que prediques la palabra; que instes a tiempo y fuera de tiempo; redarguye, reprende, exhorta con toda paciencia y doctrina."

Resumen doctrinal

En el ejército moderno, la adaptabilidad es una de las capacidades más críticas. Un soldado preparado para diversos entornos puede enfrentar con eficacia cualquier escenario. En la guerra espiritual, los frentes cambian: ideologías, plataformas, culturas y métodos de ataque del enemigo. Adaptabilidad no significa cambiar el mensaje, sino ajustar los métodos para cumplir la misma misión. El creyente y la iglesia deben discernir el terreno, leer el contexto, reconfigurar estrategias y avanzar bajo la dirección del Espíritu. La flexibilidad obediente es señal de madurez, no de debilidad.

Preguntas de análisis individual

Introducción

1. ¿Por qué la rigidez estratégica puede ser peligrosa en la guerra espiritual?
2. ¿Cómo Pablo mostró adaptabilidad sin comprometer su doctrina?
3. ¿Qué paralelismo hay entre las fuerzas especiales y la iglesia en cuanto a adaptabilidad?
4. ¿Por qué muchos ministerios fracasan al no adaptarse a nuevos frentes?
5. ¿Qué diferencia hay entre adaptabilidad y mundanalidad?

Lectura del terreno espiritual

6. ¿Qué enseña Eclesiastés 3:1 sobre tiempos y estrategias?
7. ¿Cómo discernir cuándo actuar y cuándo esperar?
8. ¿Por qué el discernimiento protege de heridas y frustraciones?
9. ¿Qué riesgos se corren al operar en la carne en lugar del Espíritu?
10. ¿Cómo cambia la estrategia según el nivel de receptividad de las personas o lugares?

Reconfiguración operativa

11. ¿Qué ejemplo bíblico de Hechos 16:6-7 ilustra un cambio de estrategia?
12. ¿Por qué un "no" de Dios puede ser parte de una redirección?

13. ¿Cómo saber si un método ya no es efectivo para el contexto actual?

14. ¿Qué peligros genera el orgullo ministerial ante la necesidad de cambio?

15. ¿Por qué reconfigurar no significa inestabilidad?

Innovación estratégica

16. ¿Qué significa que Dios haga "cosa nueva" en el contexto de la misión espiritual?

17. ¿Cómo distinguir entre una innovación guiada por el Espíritu y una moda pasajera?

18. ¿Qué ejemplos bíblicos muestran la importancia de estrategias innovadoras?

19. ¿Por qué la innovación espiritual requiere humildad y obediencia?

20. ¿Qué área de tu vida o ministerio necesita un cambio innovador bajo la dirección de Dios?

Preguntas de discusión grupal

Introducción

1. ¿Qué ejemplos modernos hay de iglesias o ministerios que supieron adaptarse para impactar más?

2. ¿Cómo diferenciar adaptabilidad de compromiso con el mundo?

3. ¿Qué riesgos se corren al negarse a cambiar métodos?

Lectura del terreno espiritual

4. ¿Qué herramientas prácticas nos ayudan a discernir el "terreno espiritual"?

5. ¿Cómo reconocer cuándo una zona fértil ahora es hostil, y viceversa?

6. ¿Qué pasa cuando se invierte en un frente equivocado?

Reconfiguración operativa

7. ¿Cómo actuar cuando Dios cierra una puerta que parecía estratégica?

8. ¿Qué errores evitar al hacer ajustes ministeriales?

9. ¿Qué diferencia hay entre improvisar y reconfigurar con estrategia?

Innovación estratégica

10. ¿Qué ejemplos modernos conoces de iglesias o ministerios que innovaron sin perder el mensaje bíblico?

11. ¿Por qué muchas veces lo nuevo genera resistencia dentro del mismo pueblo de Dios?

12. ¿Qué pasos prácticos puede tomar la iglesia para fomentar innovación estratégica sin comprometer la verdad del evangelio?

Ejercicios prácticos

1. Elabora un análisis de tu "terreno espiritual actual": identifica frentes activos, frentes cerrados y nuevos frentes potenciales.

2. Toma un proyecto ministerial y reconfigúralo pensando en cómo sería más efectivo en el contexto actual sin alterar el mensaje bíblico.

Desafío semanal

1. Ora cada día pidiendo discernimiento para identificar oportunidades y riesgos en tu entorno espiritual.

2. Dedica un día a evaluar qué métodos en tu servicio personal necesitan actualización.

3. Busca un ejemplo bíblico o histórico de alguien que supo adaptarse en su misión y comparte el aprendizaje con tu grupo.

Dinámica de memorización

2 Timoteo 4:2

"Que _____ la palabra; que instes a _____ y fuera de _____; redarguye, _____, exhorta con toda _____ y _____."

Ejercicio de llena blancos

1. Adaptabilidad no es cambiar el mensaje, sino ajustar el _____.

2. Pablo se hizo "a todos para _____ a algunos."

3. La rigidez estratégica puede llevar a la _____.

4. Discernir el terreno espiritual evita _____ innecesarias.

5. No todos los frentes requieren la misma _____.

6. Un "no" de Dios puede ser parte de una _____.

7. Lo que funcionó antes puede no ser _____ hoy.

8. El orgullo ministerial puede impedir la _____.

9. Reconfigurar no es inestabilidad, es _____ táctica.

10. El mensaje sigue siendo Cristo; la _____ puede renovarse.

11. Un soldado espiritual debe estar dispuesto a _____ su paso.

12. La visión no cambia, pero sí las _____.

Devocionales diarios

Día 1 – Predicar en todo tiempo
Lectura: 2 Timoteo 4:2
Reflexión: La adaptabilidad comienza con disponibilidad constante para predicar, sin importar el contexto.
Aplicación: Piensa en un lugar o situación poco común donde podrías compartir el evangelio esta semana.

Día 2 – Discerniendo el terreno
Lectura: Eclesiastés 3:1
Reflexión: Todo tiene su tiempo; actuar en el momento equivocado puede traer más pérdida que victoria.
Aplicación: Ora pidiendo claridad sobre el momento oportuno para una acción que tienes en mente.

Día 3 – Cuando Dios cambia la ruta
Lectura: Hechos 16:6-7
Reflexión: Dios a veces cierra puertas para guiarnos a un destino mejor.
Aplicación: Identifica una "puerta cerrada" en tu vida y busca la dirección alternativa que Dios te está mostrando.

Día 4 – Métodos renovados
Lectura: Isaías 43:19
Reflexión: Dios hace cosas nuevas y espera que percibamos y nos alineemos con ellas.
Aplicación: Evalúa una práctica en tu servicio que podría modernizarse sin perder el enfoque bíblico.

Día 5 – Humildad para cambiar
Lectura: Proverbios 11:14
Reflexión: El consejo sabio es clave para tomar decisiones estratégicas efectivas.
Aplicación: Busca la opinión de un mentor sobre un cambio que estés considerando.

Día 6 – Agilidad en la misión
Lectura: 1 Corintios 9:22-23
Reflexión: Adaptarse a las personas y contextos es una forma de servir mejor y ganar más para Cristo.
Aplicación: Ajusta tu forma de presentar un mensaje para un público específico esta semana.

Día 7 – Firmeza en la visión
Lectura: Habacuc 2:2-3
Reflexión: La visión se mantiene firme aunque cambie el método para alcanzarla.
Aplicación: Escribe tu visión personal o ministerial y revisa si tus métodos actuales la apoyan o necesitan ajuste.

Capítulo 19

Entrenando para la misión: La práctica espiritual antes de la batalla

2 Timoteo 2:3-4

"Tú, pues, sufre penalidades como buen soldado de Jesucristo. Ninguno que milita se enreda en los negocios de la vida, a fin de agradar a aquel que lo tomó por soldado."

Resumen doctrinal

Un ejército no envía soldados al frente sin entrenamiento previo. En lo espiritual, el entrenamiento se da en tiempo de paz para que el soldado pueda responder en tiempo de guerra. La oración, el estudio de la Palabra, el ayuno y la obediencia diaria son ejercicios de acondicionamiento espiritual que forman carácter, resistencia y obediencia. Lo que no se practica se debilita, y lo que no se fortalece antes, colapsa bajo presión. Dios no unge la improvisación, sino la disposición entrenada y disciplinada.

Preguntas de análisis individual

Introducción

1. ¿Por qué el entrenamiento previo es determinante para la victoria en batalla?
2. ¿Qué paralelismo existe entre la práctica militar y la vida espiritual?
3. ¿Por qué Dios no unge la improvisación?
4. ¿Qué áreas de tu vida requieren más entrenamiento espiritual?
5. ¿Cómo influye el entrenamiento en la unidad del cuerpo de Cristo?

Disciplina diaria

6. ¿Qué enseña 1 Corintios 9:27 sobre el autocontrol?
7. ¿Cómo se diferencia disciplina de legalismo?
8. ¿Qué hábitos espirituales fortalecen más tu vida?
9. ¿Por qué la constancia es clave para resistir tentaciones?
10. ¿Cómo la disciplina revela nuestra verdadera prioridad?

Simulación bajo presión

11. ¿Qué nos enseña Proverbios 24:10 sobre la preparación?
12. ¿Cómo aplicar el concepto de "simulación" en la vida cristiana?

13. ¿Qué papel juegan las pruebas pequeñas en la preparación para grandes batallas?

14. ¿Por qué es importante practicar en grupo?

15. ¿Qué riesgos corremos si ignoramos oportunidades para entrenar bajo presión?

Mentalidad de preparación

16. ¿Qué significa tener los lomos ceñidos y la lámpara encendida?

17. ¿Cómo la preparación continua nos protege de sorpresas espirituales?

18. ¿Por qué el perdón y un corazón limpio son parte de la preparación?

19. ¿Cómo inspiramos a otros a vivir preparados?

20. ¿Qué cambios harías hoy si supieras que mañana comienza tu misión?

Preguntas de discusión grupal

Introducción

1. ¿Qué ejemplos bíblicos muestran entrenamiento previo antes de una gran misión?

2. ¿Cómo evitar que la disciplina se convierta en rutina vacía?

3. ¿Qué consecuencias trae entrar a la batalla sin entrenamiento?

Disciplina diaria

4. ¿Qué hábitos espirituales debemos practicar como iglesia para mantenernos firmes?

5. ¿Cómo podemos ayudarnos mutuamente a mantener la constancia?

6. ¿Por qué la repetición fortalece las convicciones?

Simulación bajo presión

7. ¿Cómo podemos diseñar "simulaciones" espirituales en el contexto congregacional?

8. ¿Qué lecciones personales has aprendido de pruebas menores?

9. ¿Cómo manejar la frustración cuando fallamos en una simulación?

Mentalidad de preparación

10. ¿Qué obstáculos personales impiden vivir en preparación constante?

11. ¿Cómo crear una cultura de alerta espiritual en la iglesia?

12. ¿Qué significa para ti vivir como si la misión comenzara hoy?

Ejercicios prácticos

1. Diseña una rutina espiritual diaria que puedas cumplir con constancia durante 30 días.

2. Realiza un ejercicio de "simulación espiritual": dedica un día a reaccionar intencionalmente con fe y oración ante cualquier desafío o interrupción.

Desafío semanal

1. Memoriza 2 Timoteo 2:3-4 y repítelo cada mañana como recordatorio de tu compromiso.

2. Identifica un hábito espiritual débil y fortalécelo con un plan de práctica diaria.

3. Organiza con tu grupo un tiempo de oración y guerra espiritual simulando una situación de crisis.

Dinámica de memorización

2 Timoteo 2:3-4
"Tú, pues, sufre _____ como buen soldado de _____. Ninguno que milita se _____ en los negocios de la _____, a fin de agradar a aquel que lo tomó por _____."

Ejercicio de llena blancos

1. El entrenamiento en tiempo de paz prepara para el tiempo de _____.

2. La disciplina diaria forma _____ espirituales.

3. La constancia revela nuestras verdaderas _____.

4. La falta de hábito en lo sencillo se nota en lo _____.

5. El entrenamiento forja no solo técnica, sino _____.

6. Ensayar bajo presión fortalece la _____ espiritual.

7. Las pruebas pequeñas revelan nuestras áreas de _____.

8. La mentalidad de preparación evita ser tomado por _____.

9. Un corazón limpio es parte esencial de la _____.

10. Vivir preparado significa tener la lámpara _____.

11. La preparación constante inspira a _____.

12. El que se entrena con rigor pelea con _____.

Devocionales diarios

Día 1 – Entrenando en lo secreto
Lectura: Mateo 6:6
Reflexión: La fuerza en público se gana en la intimidad con Dios.
Aplicación: Dedica hoy un tiempo de oración a solas, sin distracciones.

Día 2 – Disciplina que protege
Lectura: 1 Corintios 9:27
Reflexión: La disciplina es un acto de amor propio y fidelidad a Dios.
Aplicación: Elige un hábito espiritual para practicar con constancia.

Día 3 – Preparado para el día difícil
Lectura: Proverbios 24:10
Reflexión: La debilidad en la prueba revela la falta de preparación.
Aplicación: Anota un área donde necesites fortalecer tu fe y comienza a ejercitarla.

Día 4 – Ensayando bajo presión
Lectura: Santiago 1:2-4
Reflexión: Las pruebas forman paciencia y madurez.
Aplicación: Cambia tu reacción ante una molestia por una respuesta de fe.

Día 5 – Lámpara encendida
Lectura: Lucas 12:35
Reflexión: La vigilancia es señal de amor y compromiso con la misión.
Aplicación: Ora pidiendo estar atento a oportunidades divinas hoy.

Día 6 – Unidos en entrenamiento
Lectura: Hebreos 10:24-25
Reflexión: El entrenamiento colectivo fortalece la unidad.
Aplicación: Invita a alguien a orar o estudiar la Biblia contigo esta semana.

Día 7 – Listo para el envío
Lectura: Isaías 6:8
Reflexión: Dios llama a los dispuestos y preparados.
Aplicación: Escríbele a Dios una oración diciéndole que estás listo para Su misión.

Capítulo 20

Ejecutando sin distracciones: Enfocados en nuestra parte

Nehemías 6:3
Y les envié mensajeros, diciendo: Estoy haciendo una gran obra, y no puedo ir; porque cesaría la obra, si yo la dejara para ir a vosotros.

Resumen doctrinal

El éxito en la misión espiritual depende de la capacidad de cada creyente para ejecutar su parte con enfoque absoluto. Las distracciones, aunque pequeñas, pueden desviar al soldado de su rol asignado y comprometer la victoria colectiva. Nehemías es un ejemplo de firmeza y determinación al resistir presiones externas para abandonar su tarea. La madurez espiritual se demuestra en la habilidad de decir "no" a lo bueno que no es parte del mandato actual, y "sí" a lo esencial que Dios ha asignado. El enfoque es una forma de adoración y una herramienta estratégica en la guerra espiritual.

Preguntas de análisis individual

Introducción

1. ¿Qué aprendemos de Nehemías sobre el enfoque en la misión?
2. ¿Por qué una pequeña distracción puede tener consecuencias graves en la guerra espiritual?
3. ¿Cómo distinguir entre una oportunidad de Dios y una distracción del enemigo?
4. ¿Qué significa que el enfoque es una forma de adoración?
5. ¿Por qué la comparación es enemiga del avance?

Reconocimiento del rol

6. ¿Qué enseña Romanos 12:4-5 sobre la función de cada miembro en el cuerpo?
7. ¿Cómo identificar tu rol específico en la obra de Dios?
8. ¿Qué riesgos existen al intentar cubrir funciones que no nos corresponden?
9. ¿Cómo el reconocer nuestro rol nos protege del orgullo o la inferioridad?
10. ¿Por qué la fidelidad en lo poco es clave para la victoria del Reino?

Enemigos del enfoque

11. ¿Qué lección nos deja el ejemplo de Marta y María en Lucas 10:41-42?
12. ¿Por qué el activismo sin fruto es peligroso para la vida espiritual?

13. ¿Cómo afecta la comparación constante nuestro desempeño?

14. ¿Qué emociones pueden convertirse en enemigos silenciosos del enfoque?

15. ¿Por qué el perfeccionismo puede ser un obstáculo para obedecer a Dios?

Persistencia en la ejecución

16. ¿Qué nos enseña Pablo en 2 Timoteo 4:7 sobre terminar la carrera?

17. ¿Cómo mantener el impulso cuando no vemos resultados inmediatos?

18. ¿Por qué la fidelidad interna es más importante que los resultados externos?

19. ¿Cómo renovar la mente para sostener el enfoque hasta el final?

20. ¿Qué hábitos fortalecen la perseverancia en la misión asignada?

Preguntas de discusión grupal

Introducción

1. ¿Qué situaciones actuales pueden distraernos más de nuestra misión espiritual?

2. ¿Cómo podemos ayudarnos mutuamente a mantener el enfoque en la obra?

3. ¿Qué impacto tiene en la iglesia cuando cada uno se concentra en su rol?

Reconocimiento del rol

4. ¿Cómo discernir entre un rol temporal y uno permanente en el Reino?

5. ¿Qué ejemplos bíblicos muestran la importancia de cumplir el rol asignado?

6. ¿Por qué abandonar nuestro puesto debilita al cuerpo de Cristo?

Enemigos del enfoque

7. ¿Qué actividades "buenas" pueden convertirse en distracciones para un creyente?

8. ¿Cómo manejar las críticas y halagos para que no afecten nuestra misión?

9. ¿Por qué el afán y la turbación nos alejan de lo esencial?

Persistencia en la ejecución

10. ¿Qué estrategias nos ayudan a perseverar en medio de oposición?

11. ¿Cómo redefinir el éxito en términos del Reino de Dios?

12. ¿Qué significa "terminar bien" en el contexto espiritual?

Ejercicios prácticos

1. Haz una lista de tus responsabilidades actuales y evalúa cuáles forman parte de tu misión asignada y cuáles son distracciones.

2. Establece un plan semanal para proteger tu tiempo y energía, priorizando las tareas esenciales de tu llamado.

Desafío semanal

1. Memoriza Nehemías 6:3 y repítelo cada vez que enfrentes una distracción esta semana.

2. Dedica un día a practicar el "no" a toda actividad que no esté alineada con tu misión.

3. Busca un compañero de oración que te ayude a rendir cuentas en tu enfoque y persistencia.

Dinámica de memorización

Nehemías 6:3

"Y les envié _____, diciendo: Estoy haciendo una gran _____, y no puedo ir; porque _____ la obra, si yo la dejara para ir a _____."

Ejercicio de llena blancos

1. La ejecución precisa depende del _____ en la misión asignada.

2. Nehemías dijo: "Estoy haciendo una _____ obra."

3. La comparación es enemiga del _____.

4. Cada miembro del cuerpo tiene una función _____.

5. El activismo sin fruto es movimiento sin _____.

6. Marta estaba afanada con lo _____, mientras María eligió lo _____.

7. El perfeccionismo puede retrasar la _____ espiritual.

8. Las emociones no controladas pueden convertirse en _____.

9. Terminar bien requiere _____ sostenida.

10. Pablo dijo: "He peleado la buena _____."

11. La fidelidad se mide más por obediencia que por _____.

12. El enfoque es una forma de _____ a Dios.

Devocionales diarios

Día 1 – Enfoque inquebrantable
Lectura: Nehemías 6:3
Reflexión: La claridad de misión protege contra distracciones.
Aplicación: Identifica una distracción recurrente y elimínala esta semana.

Día 2 – Mi parte en el cuerpo
Lectura: Romanos 12:4-5
Reflexión: Cada rol es vital para el avance del Reino.
Aplicación: Ora para comprender y afirmar tu función específica.

Día 3 – Escoger lo mejor
Lectura: Lucas 10:41-42
Reflexión: Lo urgente no siempre es lo importante.
Aplicación: Prioriza hoy lo que fortalezca tu comunión con Dios.

Día 4 – Terminar bien
Lectura: 2 Timoteo 4:7
Reflexión: La victoria está en perseverar hasta el final.
Aplicación: Haz un compromiso de continuar fiel en tu misión actual.

Día 5 – Protegiendo la mente
Lectura: Filipenses 4:8
Reflexión: La mente enfocada se alimenta de pensamientos correctos.
Aplicación: Sustituye cada pensamiento negativo por una verdad bíblica.

Día 6 – Resistiendo la comparación
Lectura: Juan 21:22
Reflexión: Jesús nos llama a seguirle sin mirar la carrera de otros.
Aplicación: Agradece por tu propio llamado y evita comparaciones.

Día 7 – Constancia que inspira
Lectura: Hebreos 12:1-2
Reflexión: Correr con paciencia es clave para llegar a la meta.
Aplicación: Motiva a alguien más a mantenerse enfocado en su parte.

Capítulo 21

Reagrupamiento: Evaluar después de la batalla

Marcos 6:30-31

Entonces los apóstoles se juntaron con Jesús, y le contaron todo lo que habían hecho y lo que habían enseñado. Él les dijo: Venid vosotros aparte a un lugar desierto, y descansad un poco."

Resumen doctrinal

En la vida militar y espiritual, después de cada batalla es necesario un tiempo de reagrupamiento para evaluar, sanar y prepararse para el próximo despliegue. Jesús mismo enseñó este principio cuando invitó a Sus discípulos a apartarse para descansar después de servir. Sin evaluación honesta y recuperación estratégica, los errores se repiten, las fuerzas se agotan y la visión se debilita. Reagruparse no es retirarse, sino una táctica de sabiduría que fortalece la unidad, refuerza el aprendizaje y garantiza un avance más firme en la siguiente misión.

Preguntas de análisis individual

Introducción

1. ¿Qué es el reagrupamiento y por qué es importante en la guerra espiritual?

2. ¿Qué peligros hay en no detenerse para evaluar lo vivido?

3. ¿Cómo practicó Jesús el reagrupamiento con Sus discípulos?

4. ¿Qué beneficios produce el detenerse intencionalmente después de una batalla?

5. ¿Por qué el descanso y la evaluación son parte de la guerra?

Detenerse con propósito

6. ¿Qué enseña Éxodo 33:14 sobre el descanso verdadero?

7. ¿Cómo diferencia la Biblia entre inactividad y descanso en la presencia de Dios?

8. ¿Por qué el descanso estratégico es una táctica de avance y no de retroceso?

9. ¿Qué señales indican que necesitamos una pausa intencional?

10. ¿Cómo la pausa nos ayuda a ver lo que no percibimos en medio del movimiento?

Evaluación honesta

11. ¿Qué significa "escudriñar nuestros caminos" según Lamentaciones 3:40?

12. ¿Por qué la evaluación espiritual requiere humildad?

13. ¿Qué riesgos hay en vivir de impresiones y no de dirección?

14. ¿Cómo diferenciar entre autoacusación y autoevaluación guiada por Dios?

15. ¿Qué papel juega la obediencia en el análisis de nuestras batallas?

Recuperación y ajuste

16. ¿Qué promesa encontramos en Isaías 40:31 para los que esperan en Jehová?

17. ¿Por qué es peligroso volver a la batalla sin restauración?

18. ¿Qué ajustes espirituales pueden surgir después de una evaluación honesta?

19. ¿Cómo se fortalece la unidad del cuerpo durante la etapa de recuperación?

20. ¿Qué relación hay entre descanso, obediencia y efectividad en la misión?

Preguntas de discusión grupal

Introducción

1. ¿Qué ejemplos bíblicos muestran la importancia de detenerse después de servir?

2. ¿Cómo podemos ayudar a otros a incorporar la evaluación en su vida espiritual?

3. ¿Qué riesgos enfrenta una iglesia que no se detiene para reagrupamiento?

Detenerse con propósito

4. ¿Cómo mantener un equilibrio saludable entre acción y descanso en el ministerio?

5. ¿Qué prácticas pueden ayudarnos a descansar en la presencia de Dios?

6. ¿Por qué el descanso en comunidad es tan importante como el descanso personal?

Evaluación honesta

7. ¿Qué herramientas pueden ayudarnos a evaluar con objetividad?

8. ¿Cómo invitar al Espíritu Santo a señalar intenciones y no solo acciones?

9. ¿Qué beneficios trae documentar las lecciones aprendidas después de servir?

Recuperación y ajuste

10. ¿Cómo identificar cuándo un ajuste es de Dios y no solo una idea personal?

11. ¿Por qué la restauración espiritual requiere comunidad?

12. ¿Qué pasos prácticos podemos tomar para evitar repetir errores en la próxima misión?

Ejercicios prácticos

1. Escribe un resumen de tu última "batalla" o etapa ministerial, incluyendo lo que funcionó, lo que no, y lo que Dios te mostró.

2. Planifica un día de reagrupamiento con tu equipo o grupo de fe para evaluar, orar y descansar juntos.

Desafío semanal

1. Aparta un momento esta semana para detenerte y descansar en la presencia de Dios, sin agenda.

2. Haz una lista de tres ajustes que necesitas hacer antes de tu próxima asignación.

3. Memoriza Marcos 6:30-31 y repítelo como recordatorio de que el descanso es parte del llamado.

Dinámica de memorización

Marcos 6:30-31

"Entonces los _____ se juntaron con _____, y le contaron todo lo que habían _____ y lo que habían _____. Él les dijo: Venid vosotros aparte a un lugar _____, y _____ un poco."

Ejercicio de llena blancos

1. El reagrupamiento es parte de la estrategia de _____.

2. Jesús apartó a Sus discípulos para _____ después de servir.

3. El descanso estratégico no es debilidad, sino _____.

4. Éxodo 33:14 nos recuerda que el descanso real está en la _____ de Dios.

5. La evaluación honesta requiere _____ y apertura al Espíritu Santo.

6. Vivir de impresiones en vez de dirección produce _____ espiritual.

7. Isaías 40:31 promete nuevas _____ a los que esperan en Jehová.

8. Recuperar fuerzas es también un acto de _____.

9. Ajustar después de la batalla evita repetir los mismos _____.

10. El aislamiento post-batalla puede poner en riesgo la _____ del equipo.

11. Documentar victorias y lecciones fortalece la _____ colectiva.

12. La pausa estratégica reposiciona para un avance más _____.

Devocionales diarios

Día 1 – El valor de detenerse
Lectura: Marcos 6:30-31
Reflexión: Jesús enseña que el descanso es parte del discipulado.
Aplicación: Programa un tiempo de pausa intencional esta semana.

Día 2 – Descanso en presencia
Lectura: Éxodo 33:14
Reflexión: La presencia de Dios es el lugar de renovación.
Aplicación: Dedica 15 minutos a orar en silencio, enfocándote solo en Su presencia.

Día 3 – Examen espiritual
Lectura: Lamentaciones 3:40
Reflexión: La autoevaluación guiada por Dios nos lleva a crecimiento.
Aplicación: Escribe en tu diario tres áreas que necesitan ajuste.

Día 4 – Reconociendo errores
Lectura: Proverbios 12:1
Reflexión: Aceptar corrección es parte de la madurez espiritual.
Aplicación: Pide a alguien de confianza que te ayude a identificar puntos ciegos.

Día 5 – Fuerzas renovadas
Lectura: Isaías 40:31
Reflexión: Esperar en Dios nos da la energía para continuar.
Aplicación: Haz una lista de formas en que puedes "esperar" activamente en Él.

Día 6 – Ajustando el rumbo
Lectura: Hechos 16:6-10
Reflexión: Dios redirige para cumplir Su propósito.
Aplicación: Ora pidiendo claridad para cualquier ajuste que debas hacer.

Día 7 – Unidad después de la batalla
Lectura: Hebreos 10:24-25
Reflexión: La comunidad es clave para sostenerse después de servir.
Aplicación: Reúnete con tu equipo para orar y compartir lo aprendido.

Capítulo 22
Reajuste de estrategias: Flexibilidad divina

Proverbios 16:9
El corazón del hombre piensa su camino; mas Jehová endereza sus pasos.

Resumen doctrinal

En la guerra natural y espiritual, las estrategias deben ajustarse según las condiciones del terreno y la guía del Comandante. Dios no cambia Su propósito, pero sí puede redirigir el método. La fidelidad no es aferrarse a un plan fijo, sino obedecer la instrucción actual. La flexibilidad divina implica soltar lo previsto, esperar la nueva dirección y moverse solo cuando la nube se levanta. El creyente maduro combina firmeza en la visión con adaptabilidad en el método, confiando en que cada cambio es una reubicación estratégica para mayor fruto y victoria.

Preguntas de análisis individual

Introducción

1. ¿Por qué la rigidez estratégica es peligrosa en la guerra espiritual?
2. ¿Qué diferencia hay entre cambiar el método y cambiar el propósito?
3. ¿Cómo puede una estrategia anterior volverse ineficaz hoy?
4. ¿Por qué aferrarse al método puede convertirse en una forma de idolatría?
5. ¿Qué enseña la historia de Pablo sobre flexibilidad en la misión?

Soltar el plan inicial

6. Según Hechos 16:6-7, ¿por qué Pablo no pudo seguir su plan?
7. ¿Cómo discernir cuándo un cambio de dirección viene de Dios y no del miedo?
8. ¿Qué riesgos hay en insistir en un plan que Dios ya cambió?
9. ¿Por qué soltar un plan no significa abandonar el llamado?
10. ¿Cómo la obediencia inmediata a un cambio de rumbo fortalece nuestra fe?

Escuchar la nueva instrucción

11. ¿Qué enseña Isaías 30:21 sobre recibir dirección divina?
12. ¿Cómo la ansiedad por avanzar puede entorpecer el discernimiento?

13. ¿Qué actitudes nos ayudan a escuchar mejor la voz de Dios?

14. ¿Por qué no debemos confiar únicamente en la experiencia pasada para tomar decisiones?

15. ¿Qué peligros hay en moverse sin órdenes claras del Comandante?

Movernos según la nube

16. ¿Qué representaba la nube en Números 9:17 para el pueblo de Israel?

17. ¿Cómo se traduce hoy el "movernos según la nube" en nuestra vida espiritual?

18. ¿Por qué la obediencia no siempre lleva a lugares cómodos?

19. ¿Qué consecuencias trae quedarse donde Dios ya no está?

20. ¿Cómo la unidad del cuerpo de Cristo se fortalece al moverse juntos según la nube?

Preguntas de discusión grupal (12)
Introducción del capítulo

1. ¿Puedes recordar un momento en que Dios cambió tu plan y resultó ser mejor?

2. ¿Cómo evitar que un método se convierta en un ídolo en nuestra vida espiritual?

3. ¿Qué señales indican que es tiempo de revisar la estrategia?

Soltar el plan inicial

4. ¿Qué emociones surgen al tener que dejar algo en lo que ya invertimos esfuerzo?

5. ¿Cómo acompañar a alguien que lucha por soltar un plan que Dios cambió?

6. ¿Qué aprendizajes deja obedecer una redirección aunque no la entendamos del todo?

Escuchar la nueva instrucción

7. ¿Qué prácticas fortalecen la capacidad de discernir la voz de Dios?

8. ¿Cómo diferenciar entre un cambio de estrategia de Dios y una distracción del enemigo?

9. ¿Por qué es importante confirmar la dirección recibida antes de actuar?

Movernos según la nube

10. ¿Qué ejemplos modernos conoces de "movernos con la nube" como iglesia o ministerio?

11. ¿Qué peligros ves en actuar fuera del tiempo de Dios?

12. ¿Cómo lograr que un grupo avance unido y no de forma dispersa cuando hay un cambio de dirección?

Ejercicios prácticos

1. Piensa en un área de tu vida o ministerio donde sigues un plan viejo. Ora y pregunta a Dios si es tiempo de ajustar la estrategia. Escribe lo que sientas que Él responde.

2. Dedica un tiempo esta semana a estar en silencio ante Dios, pidiendo claridad sobre tu siguiente paso. Anota toda impresión, versículo o idea que venga a tu mente.

Desafío semanal

1. Memoriza Proverbios 16:9 y repítelo cada vez que enfrentes una decisión estratégica.

2. Haz una lista de tres áreas donde necesites mayor flexibilidad espiritual.

3. Identifica un cambio de dirección que Dios te pidió en el pasado y agradece por el fruto que trajo.

Dinámica de memorización

Proverbios 16:9
"El _____ del hombre piensa su _____; mas _____ endereza sus _____."

Ejercicio de llena blancos

1. La flexibilidad divina no es debilidad, es _____ estratégica.

2. Pablo fue _____ por el Espíritu Santo para no ir a Asia.

3. Soltar el plan inicial requiere _____ y humildad.

4. Dios no cambia Su propósito, pero sí Su _____.

5. El discernimiento antes de actuar evita _____ espirituales.

6. Escuchar antes de moverse es una señal de _____ madura.

7. La nube representaba la _____ de Dios en el desierto.

8. Quedarse donde Dios ya no está produce _____ espiritual.

9. La fe madura sigue a Dios incluso sin _____ total.

10. Movernos con la nube asegura _____ divina.

11. La unidad del cuerpo se fortalece cuando se avanza en _____.

12. Dios no respalda a los más rápidos, sino a los más _____.

Devocionales diarios

Día 1 – Dios cambia la ruta
Lectura: Hechos 16:6-7
Reflexión: A veces el Espíritu cierra puertas para abrir otras más estratégicas.
Aplicación: Agradece por una puerta cerrada en tu vida y pide dirección para la nueva.

Día 2 – Escuchar antes de actuar
Lectura: Isaías 30:21
Reflexión: La dirección clara viene en quietud y atención.
Aplicación: Aparta 15 minutos en silencio para oír lo que Dios quiera decirte hoy.

Día 3 – Soltar el control
Lectura: Proverbios 16:9
Reflexión: Planificar es bueno, pero confiar en Dios es esencial.
Aplicación: Ora entregando tus planes actuales y pidiendo que Él enderece tus pasos.

Día 4 – Evitar la prisa
Lectura: Salmos 27:14
Reflexión: Esperar en el Señor fortalece más que correr sin dirección.
Aplicación: Identifica una decisión donde necesitas esperar más claridad de Dios.

Día 5 – Siguiendo la nube
Lectura: Números 9:17
Reflexión: La seguridad está en moverse solo cuando Dios se mueve.
Aplicación: Pregunta al Espíritu Santo si es tiempo de avanzar o permanecer.

Día 6 – Obediencia sin condiciones
Lectura: Juan 14:15
Reflexión: Amar a Dios se demuestra obedeciendo Su dirección.
Aplicación: Haz un acto concreto de obediencia hoy, aunque no lo entiendas por completo.

Día 7 – Unidad en el movimiento
Lectura: Efesios 4:3
Reflexión: El Espíritu Santo produce unidad cuando seguimos la misma dirección.
Aplicación: Ora con tu grupo o familia por discernir juntos el próximo paso.

Capítulo 23
Expandir y mejorar el territorio conquistado

Josué 18:3
Y Josué dijo a los hijos de Israel: ¿Hasta cuándo seréis negligentes para venir a poseer la tierra que os ha dado Jehová el Dios de vuestros padres?

Resumen doctrinal

En el Reino de Dios, cada victoria es solo el inicio de una nueva fase: consolidar, administrar y fortalecer el territorio conquistado. No basta con obtenerlo; debemos ocuparlo, desarrollarlo y protegerlo para que no vuelva a manos del enemigo. Tal como Israel tuvo que poseer, cultivar y defender la tierra prometida, nosotros debemos trabajar activamente en lo que Dios nos ha entregado. La expansión y mejora son señales de madurez espiritual: convertir cada victoria en una fortaleza que sirva al Reino y beneficie a otros.

Preguntas de análisis individual

Introducción

1. ¿Por qué no basta con conquistar un territorio espiritual?
2. ¿Qué peligro hay en celebrar la victoria sin consolidarla?
3. ¿Cómo se relaciona la advertencia de Josué 18:3 con nuestra vida hoy?
4. ¿Qué significa convertir una victoria en una base para el Reino?
5. ¿Qué consecuencias trae la negligencia después de la conquista?

De victoria a edificación

6. ¿Qué enseñó Nehemías sobre la importancia de edificar después de vencer?
7. ¿Por qué la edificación requiere herramientas diferentes a las de la guerra?
8. ¿Cómo el ánimo para trabajar se mantiene después de la emoción inicial?
9. ¿Qué riesgos enfrentamos si no levantamos estructura tras una conquista?
10. ¿Cómo diferenciar entre construir mucho y construir estratégicamente?

Administrar lo ganado

11. ¿Qué significa Lucas 12:48 en el contexto de la conquista espiritual?
12. ¿Por qué administrar lo ganado es tan importante como obtenerlo?

13. ¿Cómo evitar que una victoria se convierta en un trofeo sin fruto?

14. ¿De qué maneras se puede multiplicar una victoria espiritual?

15. ¿Qué prácticas ayudan a proteger lo conquistado del desgaste?

Mejorar la posición

16. ¿Qué significa convertir un terreno en una fortaleza espiritual?

17. ¿Cómo se puede transformar un área restaurada en una plataforma de servicio?

18. ¿Por qué es vital cerrar brechas después de una victoria?

19. ¿Qué papel juega la "cultura espiritual" en consolidar un territorio?

20. ¿Cómo una posición fortalecida puede beneficiar a las próximas generaciones?

Preguntas de discusión grupal

Introducción

1. ¿Qué ejemplos conoces de victorias que se perdieron por falta de consolidación?

2. ¿Cómo mantener el enfoque en expandir y no solo en conquistar?

3. ¿Qué diferencia hay entre un territorio ganado y un territorio establecido?

De victoria a edificación

4. ¿Qué hábitos ayudan a mantener el ánimo para trabajar después de la batalla?

5. ¿Cómo responder a la oposición que surge durante la etapa de construcción?

6. ¿Qué nos enseña Nehemías sobre trabajar con espada y pala al mismo tiempo?

Administrar lo ganado

7. ¿Cómo aplicar el principio de la parábola de los talentos a nuestras victorias espirituales?

8. ¿Qué estrategias personales o comunitarias podemos implementar para custodiar lo conquistado?

9. ¿Cómo discernir si estamos administrando bien lo que Dios nos dio?

Mejorar la posición

10. ¿Cómo convertir una victoria personal en una fortaleza para bendecir a otros?

11. ¿Qué señales indican que una posición está lista para ser expandida?

12. ¿Cómo mantener un territorio vivo y fructífero a lo largo del tiempo?

Ejercicios prácticos

1. Haz una lista de tres áreas que Dios te haya permitido conquistar. Evalúa si están siendo edificadas, administradas y fortalecidas. Escribe un plan para mejorarlas.

2. Escoge una victoria personal y busca cómo convertirla en una bendición para alguien más esta semana.

Desafío semanal

1. Memoriza Josué 18:3 y repítelo cada vez que sientas conformismo espiritual.

2. Dedica 30 minutos a orar pidiendo estrategias para expandir y mejorar lo que ya tienes.

3. Implementa una acción concreta para cerrar brechas en un área conquistada.

Dinámica de memorización

Josué 18:3
"Y Josué dijo a los hijos de Israel: ¿Hasta cuándo seréis _____ para venir a _____ la tierra que os ha dado Jehová el Dios de vuestros _____?"

Ejercicio de llena blancos

1. La victoria es el inicio de la etapa de _____.

2. Nehemías edificó los muros con _____ para resistir ataques.

3. Administrar lo ganado es una señal de _____ espiritual.

4. Dios no entrega victorias como trofeos, sino como _____.

5. Multiplicar una victoria es parte de la buena _____.

6. El enemigo también ataca durante los tiempos de _____.

7. Una fortaleza espiritual sirve como _____ para otros.

8. Mejorar la posición implica cerrar _____ del pasado.

9. La cultura espiritual se establece con hábitos y _____ del Reino.

10. Lo que no se administra bien se puede _____.

11. Una posición fuerte es herencia para las _____ generaciones.

12. Dios busca soldados que conquisten y también _____.

Devocionales diarios

Día 1 – La pregunta de Josué
Lectura: Josué 18:3
Reflexión: Dios nos llama a poseer plenamente lo que nos ha dado, no a quedarnos a medias.
Aplicación: Identifica un área donde hayas dejado de avanzar y retoma el trabajo.

Día 2 – Edificar después de vencer
Lectura: Nehemías 4:6
Reflexión: La victoria es el terreno; la edificación es la casa.
Aplicación: Busca un paso concreto para fortalecer una victoria reciente.

Día 3 – Mayordomía fiel
Lectura: Lucas 12:48
Reflexión: Con cada victoria viene una responsabilidad mayor.
Aplicación: Haz una lista de recursos o dones que Dios te confió y evalúa su uso.

Día 4 – Multiplicando el fruto
Lectura: Mateo 25:20-21
Reflexión: Dios premia al que hace crecer lo que recibe.
Aplicación: Encuentra una manera de usar tu victoria para bendecir a otros.

Día 5 – Fortaleciendo el terreno
Lectura: Proverbios 24:3-4
Reflexión: La sabiduría, prudencia y ciencia edifican y afirman.
Aplicación: Aplica un nuevo hábito que fortalezca tu vida espiritual.

Día 6 – Cerrando brechas
Lectura: Efesios 4:27
Reflexión: No dar lugar al enemigo implica reforzar lo que está débil.
Aplicación: Ora por una área vulnerable y toma medidas para protegerla.

Día 7 – Herencia para otros
Lectura: Salmos 145:4
Reflexión: Lo que conquistamos y consolidamos es un legado para la siguiente generación.
Aplicación: Comparte un testimonio de victoria y lo que aprendiste en el proceso.

Acerca Del Autor

Diego A. Colón-Batiz es un Obispo Ordenado y pastor principal, comprometido con la enseñanza y la formación de creyentes para un servicio eficaz en el Reino de Dios. Su ministerio se ha distinguido por el énfasis en la santidad práctica, la preparación ministerial y la urgencia de vivir una vida cristiana genuina en medio de un mundo en constante cambio.

Al momento de la publicación de este manual, el autor había escrito dos libros fundamentales: *El Precio del Llamado: Lo que Significa Seguir a Cristo*, donde expone la profundidad y el sacrificio que implica abrazar el llamado divino, y *El Ejército del Siglo 21: La Iglesia Armada para la Guerra Espiritual Moderna*, un llamado urgente a entender la vida cristiana como un campo de batalla en el cual el creyente debe estar equipado con las armas espirituales que Dios provee.

Este manual nace como una herramienta complementaria al libro *El Ejército del Siglo 21*, diseñado para llevar al creyente a un estudio más profundo, con preguntas, ejercicios y devocionales que desafían la mente y el corazón. Su propósito no es solo transmitir conocimiento, sino provocar transformación, disciplina y madurez en aquellos que desean no ser espectadores, sino soldados activos en el ejército de Cristo.

El Obispo Colón-Batiz combina en su ministerio la pasión pastoral con la enseñanza práctica, buscando que cada lector y estudiante entienda que el llamado de Dios exige entrega, preparación y obediencia. Su mensaje continúa siendo un eco de la voz del Espíritu que llama a una iglesia firme, bíblica y lista para la batalla espiritual.

www.ingramcontent.com/pod-product-compliance
Lightning Source LLC
LaVergne TN
LVHW081359060426

835510LV00016B/1902